电动汽车换电产业发展蓝皮书

2022-2023

中国能源研究会
清华四川能源互联网研究院　编

贾俊国　主编

中国电力出版社
CHINA ELECTRIC POWER PRESS

内容提要

本书以电动汽车换电产业理论为指导，按照"制造—运营—用户"的逻辑，深入研究了换电产业发展格局，面向乘用车和商用车场景，系统性地绘制了换电产业链全景图；基于产业组织理论中的技术—组织—环境理论与产业组织分析模型，创新性地提出换电产业组织分析模型，厘清换电产业发展的影响因素，明晰换电模式发展定位，研判换电产业的发展前景、发展路径。

换电技术和换电行业的发展，对于整个电动汽车产业的发展具有重要意义。希望本书能够为政府、行业、消费者提供重要的参考、借鉴和帮助，促进产业链凝聚共识、形成合力，促进新能源汽车产业健康快速发展。

本书可供从事电动汽车换电设施研发、设计、建设、运维的相关技术人员、管理人员及投资人员阅读使用。

图书在版编目（CIP）数据

电动汽车换电产业发展蓝皮书 . 2022—2023 / 中国能源研究会，清华四川能源互联网研究院编；贾俊国主编 . -- 北京：中国电力出版社，2024.7. -- ISBN 978-7-5198-9055-1

Ⅰ. F426.471

中国国家版本馆 CIP 数据核字第 20249BA924 号

出版发行：中国电力出版社
地　　址：北京市东城区北京站西街 19 号（邮政编码 100005）
网　　址：http://www.cepp.sgcc.com.cn
责任编辑：马淑范（010-63412397）
责任校对：黄　蓓　朱丽芳
装帧设计：赵姗杉
责任印制：杨晓东

印　　刷：北京九天鸿程印刷有限责任公司
版　　次：2024 年 7 月第一版
印　　次：2024 年 7 月北京第一次印刷
开　　本：787 毫米 × 1092 毫米　16 开本
印　　张：10.25
字　　数：91 千字
定　　价：198.00 元

本书编委会

泽清新能源科技有限公司

安易行（常州）新能源科技有限公司

江苏电投易充新能源科技有限公司

合肥国轩高科动力能源有限公司

阳光铭岛能源科技有限公司

钇威汽车科技有限公司

上海玖行能源科技有限公司

深圳精智机器有限公司

长春市出租汽车暨汽车租赁协会

中国电动重卡换电产业促进联盟

一汽富华生态有限公司

奥动新能源科技有限公司

协鑫能源科技股份有限公司

北京合星科技有限公司

前　言

交通与能源是人类文明和社会发展的驱动力。以电力作为动力来源的汽车，颠覆了传统汽车定义，使其不仅作为一种交通工具，更是能源载体，还演变为一种生活方式。我国把新能源汽车作为新兴战略性产业，历经二十多年的发展，产销量已经连续九年位居世界第一，从标准、技术和产品输入国跃进为输出国。截至2023年年底，我国电动汽车保有量超过2041万辆，建设充电桩859.6万台，建设换电站3567座，占据了全球产业的"链主"地位，实现"换道超车"，推动了双碳目标的实现。

作为电动汽车补能的"加油站"，充电设施是车与电网的链接点，是交能融合的耦合点，不仅具有加油站的一般属性，更具有电力的特征，一是实时性，从发电、输配电到用电同时完成，包括充电设施在内的用电侧与电力供应侧实时保持平衡；二是广泛性，我国电力实现了户户通电，这就意味着充电设施基本可以随时随地建设；三是绿色化，随着新能源发电的快速发展，新能源汽车充新能源电得以实现。正是基于对能源电力和交通电动化的深刻理解和把握，中国基本建成了从居住区到办公区，从高速公路到普通公路，从城市到农村的充电网络。同时，经过艰苦创新探索，换电模式以其独特的优势，已成为电动汽车重要的补能方式。2020年，政府工作报告首次把换电模式纳入到充电基础设施，换电模式开启了历史性的新阶段。近年来，各级政府相继出台支持政策，国家部委组织示范试点，行业积极投入，换电模式的优势不断得到验证，应用领域和规模持续快速增长，初步形成了产业生态，闯出了一条中国特色的电动交通补能模式道路。

面对换电行业的发展面临着良好的市场机遇和重大挑战，在能源基金会的支持下，清华四川能源互联网研究院、中国能源研究会牵头，由上海启源芯动力科技有限公司、上海蔚来汽车有限公司组成课题组，与产业链上下游机构、企业和专家一道，秉持科学性、中立性、权威性原则，开展了中国电动汽车换电产业发展课题研究，编制完成了《电动汽车换电产业发展蓝皮书（2022-2023）》。

本书以产业理论为指导，按照"制造—运营—用户"的路线，深入研究了换电产业发展格局，结合乘用车和商用车场景，创新性、系统性地提出了换电产业链全景图；基于产业组织理论中的"技术—组织—环境"理论与产业组织分析模型，创新性地提出换电产业组织分析模型，厘清换电产业发展的影响因素，明晰换电模式发展定位，研判换电产业发展的发展前景、发展路径。

本书主要内容包括五个方面。首先，介绍电动汽车换电行业的概念、分类和发展现状，展示了换电行业的全貌和格局；其次，分析影响中国电动汽车换电行业发展的关键要素，从技术、经济、市场等维度出发，阐述了行业的政策环境、市场规模和产业链结构；再次，研究分析换电行业的适用场景，对乘用车、商用车、专用车分别进行分析和评估；然后，提出换电行业发展的路径和建议，并对政策发展做出了展望；最后，总结一些典型案例，为行业发展提供范本。

随着电动汽车的快速增长，补能方式的便捷性、安全性、经济性无疑是消费者决策的关键因素。充电和换电模式既有竞争又有互补，宜充则充、宜换则换、可充可换。希望本书能够为政府决策、行业发展、消费者选择提供重要的参考、借鉴和帮助，促进产业链凝聚共识、形成合力，服务电动汽车产业健康快速发展。

本书的完成，离不开能源基金会的支持，离不开相关企业和专家、学者的支持和帮助，离不开编写组人员的辛勤努力，在此表示衷心感谢。

由于时间和水平所限，本书尚存在不足之处，敬请读者批评指正。也诚挚邀请读者加入我们的研究项目，在本系列报告的下一版中，集思广益，相与有成。

编者

2024 年 6 月

目　录

第1章
中国电动汽车换电产业发展概况

1.1 电动汽车产业发展

1.1.1 中国电动汽车发展新时期

近年来，疫情、战争和经济因素的相互作用构成了一个复杂而不稳定的全球能源局势。与此同时，自工业革命以来，全球二氧化碳排放量持续增加，导致全球极端气候现象频繁发生，严重影响人民群众的生活与财产安全。能源活动是全球二氧化碳排放的主要来源，电力、建筑、交通三大行业至关重要。其中，以发展电动汽车为核心的交通电动化在中国取得了显著成效。

中国已经成为全球最大的电动汽车市场，新能源汽车是我国提升产业竞争力、保障能源安全、提高空气质量和应对气候变化的必然选择。从"十城千辆"算起，中国新能源汽车发展已经走过十余年，成绩斐然。从市场规模来看，中国新能源汽车年销量如图 1-1 所示，累计销量占全球市场的 45%，其中，电动公交车和电动卡车销量更是占到全球市场份额的 90% 以上；已建成的公共充电桩数量超过美国、欧洲和日本的总和；拥有领先的量产动力电池技术，是全球范围内电动出行商业模式创新最为活跃的地区❶。

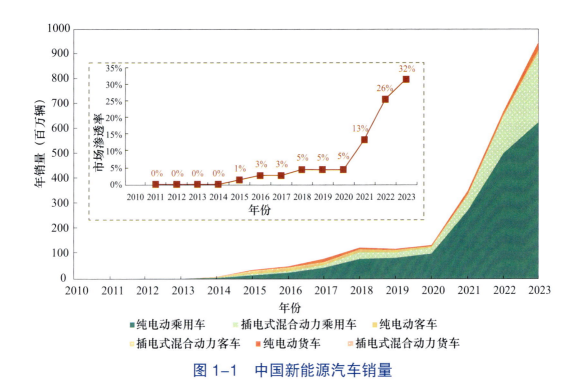

图 1-1　中国新能源汽车销量

新能源乘用车已经进入爆发式增长新阶段。据公安部发布的统计数据，2023 年底全国汽车保有量达 3.36 亿辆，包括新能源汽车保有量 2041 万辆，新能源汽车占汽车总量的 6.1%；在新能源汽车中，纯电动汽车保有量达 1552 万辆，占新能源汽车总量的 76.04%。2023 年，全国新注册登记新能源汽车达 743 万辆，占新注册登记汽车总

---

❶ 中国新能源汽车产业发展的重大意义与未来愿景 -- 经济·科技 -- 人民网 n.d. http://finance.people.com.cn/n1/2021/1216/c1004-32309935.html# (accessed September 14, 2023).

量的 30.25%，与 2022 年相比增加 207 万辆，增长 38.76%，呈高速增长态势。2030 年电动汽车保有量预计将超过 8000 万辆。

新能源商用车的发展才刚刚起步，电气化进程加速。如图 1-2 所示，2023 年，与新能源乘用车 35.7% 的市场份额相比，新能源商用车的市场渗透率远远落后，即使是电动化较快的重型货车，市场渗透率也仅为 5.7%。不过，中国商用车新能源渗透率正在快速发展，2022 年至 2025 年，新能源车型销量年复合增速预计可达约 43%；2030 年，中国新能源商用车渗透率预计可达 30% 以上，实现约 140 万辆的销量水平。

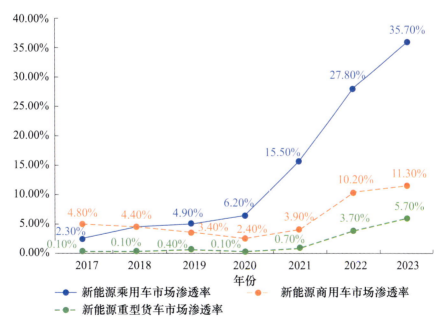

图 1-2　新能源商用车市场渗透率

除道路车辆外，我国新能源矿用卡车刚刚起步，依然处在产业化前期。截至 2023 年 7 月，全球矿用自卸车保有量大约有

58800 辆；另约有 77600 辆矿用自卸车登记在册。目前，露天矿山广泛采用的运输车辆包括矿用宽体车、液力机械传动矿用卡车和电动轮矿用卡车；均具有较高电动化潜力。我国近五年来开展了新能源矿用宽体车的创新设计和应用。根据高工产研锂电研究所 GGII 统计，2022 年我国新能源矿卡销量首次突破千辆，新能源卡车的渗透率迅速突破 5%，尚有很大提升空间，预计至 2025 年我国新能源矿卡市场渗透率有望提升至 25%。

1.1.2　补能基础设施是当前影响电动汽车发展的关键

随着电动汽车产业发展进入高质量发展的新阶段，为支撑新能源汽车产业发展，突破充电基础设施发展瓶颈，截至"十四五"末，我国将进一步增强电动汽车充电保障能力，建立起合理超前、平衡布局、智能高效的充电基础设施架构，以满足届时超过 2000 万辆电动汽车的充电需求❶。电动汽车补能基础设施的建设已经成为当前政策、技术、市场的关注焦点。

政策方面，我国经历了区域示范、财政补贴、产业政策驱动后，电动汽车的基础设施使用便利性已成为新能源汽车产业政策的重点之一，如图 1–3 所示。我国新能源汽车的高质量快

---

❶ 朱豫 . 国家发展改革委等部门关于进一步提升电动汽车充电基础设施服务保障能力的实施意见 _ 国务院部门文件 _ 中国政府网 n.d. https://www.gov.cn/zhengce/zhengceku/2022–01/21/content_5669780.htm (accessed October 13, 2023).

速发展，离不开新能源汽车的产业政策，其中购置补贴政策对产业发展的综合贡献度最大。近年来，当新能源赛道正式从真金白银补贴切换至市场导向后，新能源汽车的政策工具更加丰富。2023年以来，国务院出台了一系列新能源汽车系列政策，巩固和扩大新能源汽车发展优势，加快推进充电桩、储能等设施建设和配套电网改造（详见本书1.3节）。

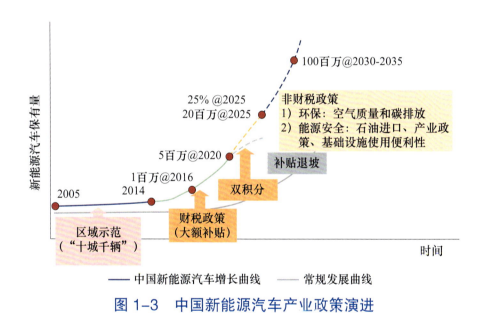

图1-3 中国新能源汽车产业政策演进

技术方面，随着电动汽车市场化进入高速发展期，电动汽车充换电基础设施的技术发展也进入了高质量发展新阶段。现阶段充电基础设施的技术发展将充分发挥创新动力作用，提升充电基础设施数字化、智能化、融合化发展水平，鼓励发展新技术、新业态、新模式，推动电动汽车与充电基础设施网、电信网、交通网、电力网等能量互通、信息互联。充分发挥企业创新主体作用，打造车、桩、网智慧融合创新平台。加快推进快速充换电、大功率充电、智能有序充电、无线充电、光储充协同控制等技术研究，示范建设无线充电线路及车位。加强信息共享与统一结算系统、配电系统安全监测预警等技术研究。持续优化电动汽车电池技术性能，加强新体系动力电池、电池梯次利用等技术研究。推广普及机械式、立体式、移动式停车充电一体化设施❶。

市场方面，近年来随着充电技术快速发展，充换电行业取得重大进展，市场发展活跃。截至 2023 年 12 月，全国充电基础设施累计数量达 859.6 万台，同比增加 65%，呈现持续快速增长态势。在国家政策的积极引导、社会资本的持续投入、电动汽车市场规模的持续扩大背景下，未来我国电动汽车充电设施体系将不断完善。尤其是公共基础设施服务市场，有望在"十五五"进入成熟阶段。

在政策、技术和市场的共同关注下，我国新能源汽车充换电基础设施已经获得了快速发展。"十三五"期间，我国充电基础设施实现了跨越式发展，充电技术快速提升，标准体系逐步完备，产业生态稳步形成，建成世界上数量最多、辐射面积最大、服务车辆最全的充电基础设施体系。但同时仍然存在居住社区建桩难、公共充换电基础设施发展不均衡、用户充电体验有待提升、行业质量与安全监管体系有待完善等突出结构性矛盾。2023 年，增量市场的

---

❶ 国务院办公厅关于进一步构建高质量充电基础设施体系的指导意见 n.d. https://www.mee.gov.cn/zcwj/gwywj/202306/t20230620_1034173.shtml (accessed October 13, 2023).

纯电动车的车桩比已经达到 1∶1 合理水平，但仍然存在一定结构性问题，如部分老旧社区建桩难、充电体验有待提升等，还需要进一步提升电动汽车补能基础设施服务保障能力。

电动汽车换电是指通过专用装置或人工辅助，快速更换动力蓄电池以实现电动汽车电能补充的模式。换电作为电动汽车补能的重要模式，近年来获得快速发展与大众的关注。具体而言，换电方式为电动汽车用户进入充换电站，由机械手臂自动更换一块满电电池，过程仅需数分钟。换电站将电动汽车用户更换下来的充电电池进行统一管理，并进行电能补充。对于乘用车，与换电结合密切的车电分离销售模式不仅可以降低消费者初次购买成本，也可以提升消费者的补能体验，满足运营车辆连续运营需求；对于商用车，换电模式也以降低购车成本、降低补能时间等优势打开了重卡市场。

换电已经成为我国电动车补能基础设施体系建设的重要组成部分。

▶ 1.2 换电产业发展

1.2.1 换电车辆

近年来，我国换电产业进入高速发展期。产业规模迅速增加，车辆侧和基础设施侧均有大幅度突破。截至 2023 年 12 月，我国《新能源汽车推广应用推荐车型目录》上的换电车型已有793款，如图1–4所示，其中，乘用车车型数约占7%，商用车车型数占比93%。

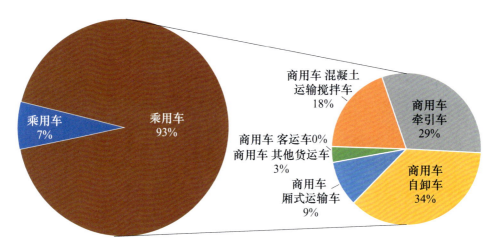

图1–4 换电车型分类数量统计（2019年12月至2023年12月）

在乘用车领域，换电模式在运营车辆领域持续发力，同时在私人乘用车领域逐渐深入下沉市场。蔚来全系车型支持换电；此外，北京汽车股份有限公司（简称北汽）对换电行业布局较早，以EU5作为主要换电车型；上海汽车集团股份有限公司（简称上汽）于2021年3月推出荣威Ei5，正式进军换电行业；安徽江淮汽车集团股份有限公司（简称江淮集团）等也正在加入换电行业。从技术路线看，大部分车型均同时支持充电和换电。

在商用车领域，换电技术路径逐步渗透到商用车应用的各个领域，换电车型占比从传统电动车辆以专用车型为主，逐步转变为专用车、自卸车、牵引车全面发展。从2021年开始，换电重卡进入爆发式增长。2021 年销量为 3200 辆，同比增长 427%。如图 1-5 所示，2021 年至 2023 年是商用车换电行业飞速发展的重要时期，据中国汽车工业协会的数据显示，2023 年国内重卡市场总体销量为 91 万辆，同比上涨 35%，而新能源重卡销售 34560 辆，同比增长 35.59%。在新能源重卡中，换电重卡销售 14696 辆，占比 42.52%，增长 18%，在纯电动重卡中的比重超过 70%。从换电重卡各省份销量看，主要聚集在河北、山西、海南、山东、江苏，内蒙古等地。目前牵引、自卸、搅拌车是新能源重卡主力车型，占比 88%，其中，2023 年换电车型占比稳定在纯电市场的 60% 左右，成为纯电市场第一大补能方式。

图 1-5　换电重卡在新能源重卡中的销量占比

1.2.2　换电基础设施

2021 年以来，随着换电业务在部分场景下快速发展，我国换电站数量也迅速增加。我国换电站在 2015—2016 年间发展缓慢，从 2017 年开始换电站新增数量逐渐增多，从 2018—2020

年期间年均增加 150 座，到 2021—2023 年年均增加 1100 余座，截至 2023 年 12 月，全国上报换电站数量（不含重卡）超过 3500 座（见图 1-6），广泛分布在我国各个省份。换电站数量最多的省份有广东、浙江、北京、江苏、上海等（见图 1-7）。

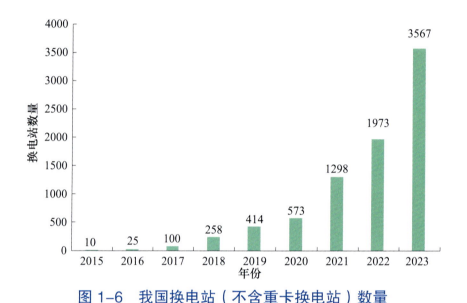

图 1-6　我国换电站（不含重卡换电站）数量

重卡换电作为发展最为迅猛的场景之一，重卡换电站也迅速增加。由于目前重卡换电站由不同运营商运营，重卡换电站难以直接统计准确的全国数据，按照平均每座换电站服务 50 辆重卡进行估算，目前，全国范围内重卡换电站预计超过 600 座，累计充换电量已经超过 3.5×10^8 千瓦·时。

1.2.3　换电建设运营商

与高速发展的换电基础设施数量对应，换电建设运营商参

图 1-7　乘用车换电站分布 TOP10 省份

与主体多元，呈现多样化的发展趋势，产业生态欣欣向荣。目前，换电建设运营商主要包括五类。

（1）整车厂。既包括上汽、北汽等传统车企，也包括蔚来等造车新势力，整车厂参与换电的优势主要在于其具备设计能力，能够设计换电模式适用的车型，且渠道优势明显，能够直接接触终端客户。

（2）电池厂。宁德时代新能源科技股份有限公司（简称宁德时代）携手蔚来等成立了武汉蔚能电池资产有限公司，积极布局换电站，其优势在于作为动力电池龙头企业，技术优势显著，市场占有率高，能够推动换电电池的标准化。国轩高科等电池企业也已积极入局换电产业。

（3）传统能源企业。中国石油天然气股份有限公司（简称中石油）、中国石油化工集团有限公司（简称中石化）均与蔚来合作布局了换电站，2021 年 4 月，中石化与蔚来合作建设的全球首座全智能换电站——中石化朝英站投入运营，11 月，中石油与蔚来合作的全国首座第二代换电站于陕西咸阳正式上线。中石油、中石化的优势主要在于渠道，加油站和换电站能够协同布局。

（4）发电集团、电力企业。主要包括国家电网有限公司、国家电力投资集团有限公司（简称国电投）、中国南方电网有限责任公司（简称南方电网），其参与优势在于电力供给上能够提供低成本的电力资源。

（5）专业运营商。主要包括奥动新能源汽车科技有限公司（简称奥动新能源）、泽清新能源汽车科技有限公司（简称泽清新能源）等。奥动新能源为国内换电站头部企业，主要服务于运营车，目前，已与国内多家主流车企建立战略合作关系。泽清新能源主营换电站投资建设和运营等。

1.2.4　换电模式对电网的支撑作用

近年来，换电逐渐被接受和认可，对能源的集约作用愈发明显。换电站在以下几个方面发挥着重要作用：

（1）削峰填谷。随着电动汽车数量的增加，充电需求也日益增长，但电网容量有限，尤其在高峰期容易造成负担。换电站可以在电网负荷较小的夜间充电，然后在高峰期为车主提供电池，实现错峰充电，减轻电网压力，降低对电网的损害。

（2）构建微电网。换电站本质上是分布式储能基站，可以帮助电网进行电力消纳，并在高峰时向外供电。它们也可以满足特定区域的临时用电需求，如小区停电时提供紧急供电，同时为充电桩提供电力，降低对电网的影响。

（3）辅助电网调频。换电站还可以辅助电网调频，通过实时调整功率来稳定电网频率。它们可以接受电网调度指令，做到分钟级甚至秒级的功率响应，高效参与调频，确保电力系统安全运行。

▶ 1.3 换电产业发展政策

目前，政策已明确支持换电产业发展，支持政策从数量、类型均日渐完善全面。2019 年以来，国家发布了多项支持新能源汽车产业的发展政策，特别是 2020 年后明确支持发展换电模式。支持政策整体可以分成宏观规划、财税政策、管理办法、行业标准、城市试点五大类、共计 100 余项的政策。

在宏观规划方面，近年来新能源汽车基础设施相关的政策更加细化明确了换电在电动汽车产业发展中的重要组成地位。

自 2019 年 6 月，国家发展和改革委员会等联合印发《推动重点消费品更品升级畅通资源循环利用实施方案（2019—2020 年）》，明确提出鼓励企业研制充换电结合的新能源汽车产品，推广新能源汽车电池租赁等车电分离消费方式。2021 年以来，相关政策更加明确，如《新能源汽车产业发展规划（2021—2035 年）》继续探索出租车、租赁车等特定领域电动汽车换电模式的应用。不仅逐步提升换电在充电基础设施体系中的地位，也逐步明确了其应用场景等。2023 年 7 月，《关于促进汽车消费的若干措施》将换电列入促进汽车消费的措施之一，加强新能源汽车配套设施建设。2019 年以来的换电产业宏观政策汇总见表 1-1。

表 1-1　　　　　　　　2019 年以来换电相关宏观政策汇总

发布日期	政策名称	主要内容
2019 年 6 月	《推动重点消费品更新升级畅通资源循环利用实施方案（2019—2020）年》	大幅降低新能源汽车成本。加快新一代车用动力电池研发和产业化、引导企业创新商业模式与优化产品准入管理。各地不得对新能源汽车实行限行、限购，已实行的应当取消。鼓励地方对无车家庭购置首辆家用新能源汽车给予支持。鼓励有条件的地方在停车费等方面给予新能源汽车优惠，探索设立零排放区试点
2020 年 4 月	《2020 年新能源汽车智能网联汽车标准化工作要点》	电动汽车换电安全要求标准的审查和报批
2020 年 4 月	《关于完善新能源汽车推广应用财政补贴政策的通知》	新能源乘用车补贴前报价须在 30 万元以下（含 30 万元），但换电模式车辆不受此规定限制。提到"大力发展换电模式"
2020 年 5 月	《2020 年政府工作报告》	将"建设充电桩"拓展为"增加充电桩、换电站等设施"，换电站被列为"新基建"的重要组成部分

续表

发布日期	政策名称	主要内容
2020年 10月	《新能源汽车产业发展规划（2021—2035年）》	继续探索出租车、租赁车等特定领域电动汽车换电模式的应用
2020年 12月	《关于进一步完善新能源汽车推广应用财政补贴的通知》	1. 整体补贴退坡； 2. 建立价格门槛； 3. 鼓励换电，拥有换电模式的车辆不受价格门槛的限制； 4. 申报数量要求； 5. 非私人用户（营运车辆）不可拿足额补贴
2021年 2月	《商务部办公厅印发商务领域促进汽车消费工作指引和部分地方经验做法的通知》	鼓励有条件的地方出台充（换）电基础设施建设运营补贴政策，支持依托加油站高速公路服务区、路灯等建设充换电基础设施，引导企事业单位按不低于现有停车位数量10%的比例建设充电设施
2021年 2月	《国务院关于加快建立健全绿色低碳循环发展经济体系的指导意见》	加强新能源汽车充换电等配套基础设施建设
2021年 3月	《2021年工业和信息化标准工作要点》	推进新技术新产业新基建标准制定。大力开展电动汽车和充换电系统、锂电池汽车等标准的研究与制定
2021年 3月	《2021年政府工作报告》	提出要增加换电站等设施，加快建设动力电池回收体系
2021年 4月	《关于开展2021年新能源汽车下乡活动的通知》	鼓励各地出台更多新能源汽车下乡支持政策，改善新能源汽车使用环境，推动农村充换电基础设施建设
2021年 5月	《关于进一步提升电动汽车充电基础设施服务保障能力的实施意见》	加快换电模式推广应用。加快车电分离模式探索和推广，探索出租、物流运输等领域的共享换电模式，优化提升共享换电服务
2021年 10月	《关于启动新能源汽车换电模式应用试点工作的通知》	启动新能源汽车换电模式应用试点工作。纳入此次试点范围的城市共有11个，其中，综合应用类城市8个（北京、南京、武汉、三亚、重庆、长春、合肥、济南），重卡特色类3个（宜宾、唐山、包头）。预计推广换电车辆10万辆以上，换电站1000座以上
2022年 3月	《2022年汽车标准化工作要点》	加快构建完善电动汽车充换电标准体系，推进纯电动汽车车载换电系统、换电通用平台、换电电池包等标准制定
2022年 6月	《中共中央、国务院关于完整准确全面贯彻新发展理念做好碳达峰中和工作的意见》	加强交通电气化替代。推进船舶靠港使用岸电，不断提高岸电使用率。推进高速公路服务区快充网络建设，鼓励开展换电模式应用

续表

发布日期	政策名称	主要内容
2022年12月	《扩大内需战略规划纲要（2022—2035年）》	要求各地区各部门结合实际认真贯彻落实，明确释放出行消费潜力。优化城市交通网络布局，大力发展智慧交通。推动汽车消费由购买管理向使用管理转变。推进汽车电动化、网联化、智能化，加强停车场、充电桩、换电站、加氢站等配套设施建设
2022年12月	《"十四五"扩大内需战略实施方案》	释放出行消费潜力。推动汽车消费由购买管理向使用管理转变，鼓励限购地区探索差异化通行管理等替代限购措施。推进二手车交易登记跨省通办，便利二手车交易。加强停车场、充电桩、换电站、加氢站等配套设施建设
2023年2月	《关于组织开展公共领域车辆全面电动化先行区试点工作的通知》	充换电服务体系保障有力。建成适度超前、布局均衡、智能高效的充换电基础设施体系，服务保障能力显著提升，新增公共充电桩（标准桩）与公共领域新能源汽车推广数量（标准车）比例力争达到1∶1，高速公路服务区充电设施车位占比预期不低于小型停车位的10%，形成一批典型的综合能源服务示范站
2023年5月	《加快推进充电基础设施建设更好支持新能源汽车下乡和乡村振兴的实施意见》	完善充电设施运维体系，提升设施可用率和故障处理能力，推动公共充换电网络运营商平台互联互通
2023年6月	《国务院办公厅关于进一步构建高质量充电基础设施体系的指导意见》	加快推进快速充换电、大功率充电、智能有序充电、无线充电、光储充协同控制等技术研究
2023年7月	《关于促进汽车消费的若干措施》	加强新能源汽车配套设施建设。持续推动换电基础设施相关标准制定，增强兼容性、通用性。加快换电模式推广应用，积极开展公共领域车辆换电模式试点，支持城市公交场站充换电基础设施建设。鼓励有条件的城市和高速公路等交通干线加快推进换电站建设

　　财税政策方面，在新能源汽车财税补贴退坡的背景下，对换电模式的应用给予了相应的支持。2020年《关于完善新能源汽车推广应用财政补贴政策的通知》中，明确提出"获得补贴的新能源乘用车补贴前售价须在30万元以下（含30万元）"，但"换电

模式"车辆不受此规定。"推动加快充换电基础设施建设，形成慢充为主、应急快充为辅的充电网络，鼓励开展换电模式应用。"

管理办法方面，换电作为对于电池资产的创新、集约型管理方案，动力电池利用方面受到了重点关注。《推动重点消费品更新升级畅通资源循环利用实施方案（2019—2020）年》中提出推广新能源汽车电池租赁等车电分离消费方式，降低购车成本；鼓励企业研制充换电结合、电池配置灵活的补电设备。

地方政府也出台一系列支持配套政策，鼓励换电模式落地应用，各地政府换电支持政策呈现出场景更加明确、模式更加清晰、数量更加乐观的趋势。继北京、上海、长春、济南、唐山、海南等地制定换电站建设和换电车型推广目标后，江苏、浙江、云南、福建、山东、内蒙古等十余个省级行政区出台了涉及换电站的政策规划与补贴政策。政策类型同样涉及宏观规划、补贴政策、试点场景等。

地方性财政补贴方案按照换电设施建设成本补贴、换电容量补贴等不同补贴标准。在2020年，上海市对专用换电设施实施了根据设施星级的差异化基本补贴政策，补贴标准分别为0.1元/（千瓦·时）、0.2元/（千瓦·时）、0.3元/（千瓦·时），其中，三星级设施的补贴上限为2000千瓦·时/年。重庆市于2021年推出一次性建设补贴，按照400元/千瓦的标准，但单站补贴不超过50万元。2023年，全国各地印发换电相关支持政策 14 项。其中，三亚、赤峰对换电车辆给予财政补贴，合肥、成都、芜湖、重庆、北京等对换电站建设运营给予财政补贴，唐山、成都、河南提出换电站建设数量规划。例如，北京市规定在 2022 年 6 月 1 日—2023 年 7 月 31 日期间建成的换电站可获得 1074 元 / 千瓦的一次性建设奖励。

国家开展试点城市的建设对换电的发展具有重要意义，试点城市规模化推广已初见成效。2021 年 10 月，工业和信息化部办公厅宣布将 11 个城市纳入换电模式应用试点城市，其中，综合应用类城市 8 个（北京、南京、武汉、三亚、重庆、长春、合肥、济南），重卡特色类城市 3 个（宜宾、唐山、包头）。根据《新能源汽车换电试点城市标准化建设情况调研报告》，换电车辆规模化推广已初见成效，换电商用车车型品牌多样化趋势明显；换电重卡应用场景不断拓展，部分试点区域出现换电基础设施组网雏形；乘用车换电品牌发展迅速，应用场景成为多数企业的业务突破口。在 11 个换电试点城市中，除唐山、宜宾、包头三个重卡特色类城市外，其他 8 个城市都有在出租车、网约车、租赁车领域推广应用换电车型。试点期间（2021 年 10 月—2023 年 10 月），11 座试点城市推广换电式新能源汽车 12 万辆，建设换电站 666 座。车辆推广方面，北京、重庆、长春推广换电车辆超过 1 万辆，分别为 4.68 万辆、2.07 万辆、1.26 万辆，居于各试点城市前列；换电站建设方面，建设乘用车换电站 550 座，重卡换电站 116 座，如图 1-8、图 1-9 所示。

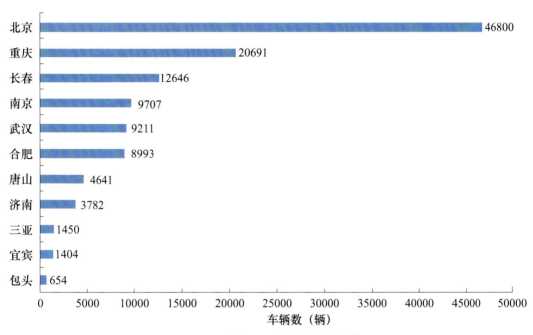

图 1-8 试点城市车辆推广情况

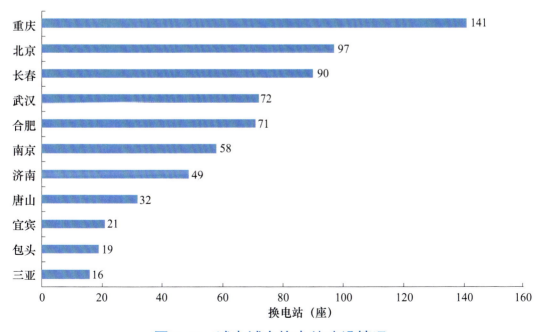

图 1-9 试点城市换电站建设情况

▶ 1.4　换电产业技术发展

电动汽车换电站由配电系统、充电与电池、换电系统、监控系统及相关配套设置组成。其中，充电与电池更换系统最为关键。电池更换系统也即通常所称"换电机器人"，是对电池包进行解锁、转运、装载、加锁、检测一系列操作的核心设备，确保电池与车辆稳定与快速连接。充电与电池更换系统中电池更换系统由换电平台、快换装置、锁止机构、连接器等组成。充电系统是对非车载状态下的电池进行自动充电及存储，同时对电池进行状态检测。为确保电池快速周转，充电系统通常采用大功率直流充电机，配套液冷设备及环境防护设备。换电系统的换电效率及充电系统电池充电时长直接决定了换电站的服务能力。

从技术路线上看，按照换电单元可以分为整包换电和分箱式换电；按照换电方向可以划分为底盘式换电、顶吊式换电、整体侧换式换电，及双侧式换电等，如表1-2所示。目前，乘用车多采用底盘式换电，而重卡换电方式大多采用顶部吊装换电方式。主要换电车型为牵引车、自卸车、搅拌车等，具有结构简单、成本低的优点。后背式一体化框架设计可以实现跨车型（牵引车、自卸车、搅拌车）、跨车企自由换电，无缝切换，既实现了电池框架的统一，也便于"车电分离"的推广。

表1-2 换电主要形式

电池位置		整包	分箱
底部		整包底部换电	分箱底部换电
顶部		整包顶部换电	/
侧向	单侧	侧向整包换电	侧向分箱换电
	双侧	整包单侧换电	分箱双侧换电

顶部吊装换电电池箱充放电一体化设计，既可以满足换电需求，也可以满足客户临时补电需求，充电采用国标双枪充电模式，以实现电池快速充电目的。换电电池框架通过车端底托副梁和整车车架进行连接，不同车型之间只需更改副梁结构即可，无须更改车端底托，可实现整个产品的标准化作业，换电电池框架通过快换连接器和整车实现高压和低压的快速耦合、即插即通，无须车厂二次调试。换电机器人通过柔性连接再配合车载换电底座上的导向斜面实现车辆姿态的自适应和换电的自动导正，根据电池仓位的分布不同，换电时间为3~5分钟。此外，换电站根据需求可配置7~9块备用电池包，实现服务能力150~200次/天。

侧向换电采用换电机器人通过叉举臂托举放置方式从车辆侧方对电池进行转运更换，分为单侧和双侧换电两种。单侧整体换电具备换电精度高，适应性好，智能化程度高，实现无人值守，但初始成本也相对较高。双侧换电与单侧换电采用的技术基本一致，主要适用于矿用卡车等特定场景下。

底部换电是指换电电池包安装于电动汽车底盘下部并主要进行 Z 向拆装电池的换电形式，在乘用车领域有较大规模应用，主要包括整包底换、多箱底换等形式。重卡领域底部换电目前仍处于产品推广早期，需要配套专门的底盘换电车型，DeepWay 在 2021 年推出首款全正向设计研发的智能新能源重卡——DeepWay·深向星辰，其创新性采用了高能量密度的底部换电模式，将电池与底盘完整地结合在一起，有效载货空间提升了 10.68 米³，货厢容积率提升 9.6%，实现一体化。

　　车辆与换电装置机械连接的方案，在乘用车中还可进一步划分为两大类，一种是螺栓式换电，另一种是卡扣式换电。螺栓式换电通过螺栓固定电池，由于多个螺栓的紧固强度高，所以适合高容量高质量的大电池包换电，并且支持水冷电池，主要应用于高端私人乘用车。卡扣式换电通过一种可以快速锁定的卡扣来固定电池，由于无须对准孔位和拧紧螺栓，这种卡扣式换电方式可以实现非常快的换电速度。两者各有优势，卡扣式换电效率更高，不过目前，螺栓式换电已实现在 3~5 分钟内完成换电。从效率角度已经满足车主补能的需求。卡扣式的使用寿命比螺栓式更长。GB/T 40032—2021《电动汽车换电安全要求》规定了卡扣式最低 5000 次、螺栓式最低 1500 次的换电次数。不过，卡扣式连接的强度不如螺栓式，支持的电池包容量和重量会受到一定的限制。乘用车中，螺栓式换电的典型代表是蔚来，卡扣式换电的典型代表则是奥动新能源汽车科技有限公司（简称奥动新能源）。

近年来，换电技术发展日趋成熟，快速、安全、智能化、标准化仍然是技术发展趋势。目前，卡扣式乘用车换电模式可达到 1.5 分钟快换，重卡实现 5 分钟快换，已经基本能够满足用户对补能时间的需求。换电站智能充电管理、电池液冷恒温系统等已经能够为换电站与换电车辆的热安全、机械安全提供有效防护。同时，换电站与智能驾驶技术融合发展，车辆自动识别、整站监控、无人值守等众多智能化功能进一步提升用户换电体验。标准化方面，产业链各方协同推进：电池企业积极入局换电产业，如宁德时代新能源科技股份有限公司（简称宁德时代）EVOGO 推出的巧克力电池、国轩高科的磊式换电等，为换电提供了可供进一步推进标准化进程的电池基础；同时部分换电运营商通过与多个主机厂合作逐步兼容多种电池规格，从单一车型逐步实现车型共享换电。

▶ 1.5　换电产业标准

换电模式标准化互通互联的重点工作是基于成熟产品、尽量避免规定技术路线，同时优先确保电池资产互换性。基于成熟产品，旨在降低行业风险、提升存量经济价值，并充分尊重行业先行者的贡献。在此过程中，力求尽量避免规定具体的技术路线，以保留创新空间，防止对技术创新和产业进步的阻碍。特别强调的是优先确保电池资产的互换性，因为电池在车辆和充电站之间扮演着纽带的角色，也是互换性的关键。通过这一综合策略，旨在建立一个满足目前现状、兼顾未来迭代的标准化框架，为换电模式的推广和发展创造有利条件，促进整个行业的可持续增长。

国内换电产业发展 20 多年，换电相关标准近几年在主管部门和行业协会组织推动下，已渐成体系，覆盖国家标准、能源行业标准、汽车行业标准。换电体系内标准已有近 50 项，能源行业电动汽车充电设施标准化技术委员会完成换电相关标准 30 余项，标准化进程采用分步推进的战略，首先关注接口尺寸的互换，确保设备之间的尺寸兼容性。接下来，逐步推动性能的互换，以确保各系统在功能和性能上保持一致。最终，引入互换性验证方法，用以验证产品符合标准的程度。

国家标准方面，国家标准化管理委员会发布的 GB/T 32895—2016《电动汽车快换电池箱通信协议》等五项国家标准，住房和城乡建设部发布的 GB/T 51077—2015《电动汽车电池更换站设计规范》，国家能源局发布的 NB/T 10434—2020《纯电动乘用车底盘式电池更换系统通用技术要求》、NB/T 33004—2020《电动汽车充换电设施工程施工和竣工验收规范》、NB/T 10903—

2021《电动汽车电池更换站安全要求》等行业标准，工业和信息化部发布的推荐性国家标准 GB/T 34013—2017《电动汽车用动力蓄电池产品规格尺寸》和 GB/T 34014—2017《汽车动力蓄电池编码规则》推动了换电行业规范化发展。换电设施标准体系如图 1-10、附录 B 中所示。

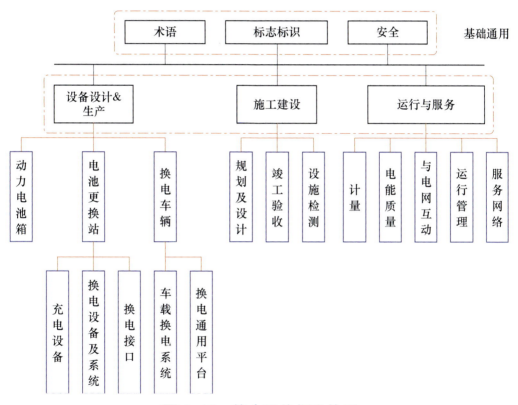

图 1-10　换电设施标准体系

地方标准方面，唐山市已率先发布指导性文件《电动重卡换电技术要求》。《江苏省纯电动重型卡车换电电池包标准》规范了城市级新能源重卡换电应用场景下，换电电池包物理尺寸、动力接口的互换性指标。宜宾市《换电式重卡车载换电系统互

换性　第 1 部分：换电电气接口》等 5 项地方标准已完成征求意见，对换电冷却接口、换电机构、换电电池包、车辆与电池包的通信协议几个方面进行了规范。

团体标准方面，中国汽车工业协会发布的 T/CAAMTB 55—2021《电动乘用车共享换电站建设规范》系列团体标准规定了共享换电站的技术路线、数据安全，以及换电站标识、规划布局的相关要求。2022 年 11 月，内蒙古自治区发布《电动中重卡共享换电站及车辆换电系统技术规范》系列团体标准（8 项），规定了换电车辆换电电池箱体与换电底托、换电连接器、换电控制器技术要求，换电系统设备技术安全及通信协议技术要求，数据安全管理，风险预警分析技术要求，换电站的规划布局及安装防护要求等。

国内换电标准制修订已明显提速，但是标准化电池箱规格会降低底盘设计空间，影响产品差异化设计和美观度。运营商对外开放锁止机构、接口等核心换电技术的意愿较低。换电标准化的核心需要车企与换电运营商之间、车企与车企之间、换电运营商之间达成妥协。不同地方标准、团体标准选择的技术路径不同，存在硬件接口尺寸和通信协议之间无法共享互换的情况。如不同地区标准中采纳分别充放同口单回路与充放异口双回路连接器的技术路径。

▶ 1.6 换电产业的挑战与机遇

2020 年以来，换电产业受到行业的重视，产业发展规模迅速提升，给部分场景中换电快速发展带来了发展机遇。对于乘用车，换电提升了消费者的用户体验，为运营车辆带来高效补能服务从而延长运营服务时间；对于商用车，采用车电分离的换电模式还可以显著降低车辆的首次购置成本，使其与柴油车购置成本可比，有助于电动重卡的推广应用。除此之外，换电还为产业中各个环节带来了更多的盈利潜力空间。如通过电池资产租赁，获得固定收益；通过电池运营管理，获得增值服务收益；通过梯次利用及回收，获得剩余价值收益；通过站内储能、站网互动、二手电池储能产品等，获得储能收益等。

但与此同时，换电产业也面临着多样的挑战。如：

高成本和投资压力，建设和维护换电站需要大量的资金投入，包括购置电池、充电设备、场地租赁和运营成本，可能对创业公司和新兴市场造成财务压力。

覆盖率和布局，高成本导致在换电产业早期全面铺开布局存在一定困难，但同时换电站的覆盖率和布局对于用户的便捷性至关重要。确保在城市、高速公路和偏远地区都有足够的换电站，需要谨慎规划和投资。

标准化和兼容性，不同的电动汽车制造商使用不同的充电标准和电池规格，这可能导致换电设施的不兼容性，用户无法在不同换电站之间无缝衔接。换电标准的统一和兼容性问题需要解决。

电池技术和性能，电池技术的进步和电池性能的提高是换电产业的关键。电池容量、寿命、充电速度等方面的不断改进对提高用户满意度至关重要。

竞争和市场份额，换电市场竞争激烈，涉及整车企业、设备生产运营商和充换电网络运营商。竞争可能导致价格战和市场份额争夺。

换电的时空局限性，在东北地区冬季换电存在"穿越零度"时底盘式换电会被冰雪冻住导致换电困难的问题，由此引发了换电是否具有时空局限性的讨论。

由于换电在现阶段发展的机遇和挑战同样非常突出，当前，电动汽车换电产业面临着迫切地需要明确其产业格局、发展定位、前景、路径以及相关机制保障的挑战。

第2章
换电产业发展场景与模式

▶ 2.1 换电产业链全景图

换电行业产业链环节众多，按照"制造—运营—用户"的逻辑可以划分为上游—中游—下游三大环节。上游由电池供应商、换电设备供应商及整车制造商等供应商等组成，分别负责提供对应应用范围的整车、动力电池和换电站设备、软件系统等；中游主要为运营商和电池全生命周期管理运营商（以电池资产管理业务为主）、电池梯次利用相关企业，下游主要由换电服务用户（企业或个人等）组成。如图2-1所示，从上游开始，由换电技术服务商为车辆制造商、电池制造商、换电设备制造商以及换电运营商提供技术支持。然后电池制造商向车辆制造商以及电池全生命周期管理运营商（即电池银行）销售电池、提供电池管理服务，车辆制造商向用户销售换电车辆。同时，换电设备制造商向换电运营商销售换电设备，最终由换电运营商在拥有换电技术、换电设备和电池的情况下向用户提供换电服务，由此形成一条完整的换电产业链。

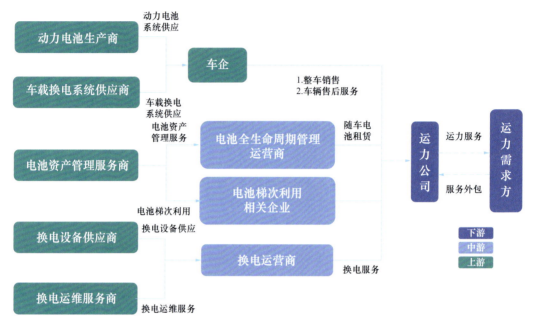

图 2-1　换电产业链

换电产业链中各环节目前已经有丰富的企业生态，如图 2-2 所示。目前，换电产业链上游企业主要有整车企业、设备制造商和动力电池企业，其中，换电设备企业有苏州瀚川智能科技股份有限公司、智锂物联科技有限公司、上海玖行能源科技有限公司（简称玖行能源）等。动力电池企业包括宁德时代、合肥国轩高科动力能源有限公司（简称国轩高科）等。目前，电池企业中 CATL 等已经通过投资等方式积极布局换电产业，国轩高科等企业虽未直接进行换电资产的持有，但同样通过与安徽江淮汽车集团股份有限公司（简称江淮集团）等企业深度合作为换电服务提供对应的电池包。从技术角度，目前每款换电车型常常对换电电池包有着不同的需求，在资源利用上存在着一定的浪费。因此，电池企业推动标准化电池包的应用，如宁德时代的巧克力电池、国轩高科的磊式电池等，均对资源有巨大的整合作用。

图 2-2　产业链上游、中游典型企业

换电产业链中游也是目前竞争最激烈的环节，龙头企业纷纷入局，三足鼎立局面形成。在利好政策的推动下，换电赛道得到各方支持，大量资本涌入，各大车厂先后进入换电领域，逐步形成以整车企业、电池厂商以及第三方服务商三足鼎立的市场格局。整车企业代表如蔚来、吉利汽车集团有限公司（简称吉利）、北汽、中国第一汽车集团有限公司（简称一汽）等，整车企业虽然在产业链中处于上游，但从产业链话语权及通过成立子公司等方式对产业链中游深度涉足；电池厂商代表如宁德时代，第三方服务商代表按照乘用车、商用车等不同场景可进一步细分，乘用车有协鑫能科、奥动新能源、泽清新能源、安易行（常州）新能源科技有限公司（简称安易行）等，商用车有上海启源芯动力科技有限公司（简称启源芯动力）等。在换电产业链中游，电池全生命周期管理相关的金融服务也吸引了多家企业入局，主要有产业链中的电池企业、整车企业、换电服务商等加入投资。电池资产的剥离、评估与量化，将对于换电行业吸纳更多优质资产、促进行业良性发展具有重要意义。

中游核心企业为换电运营商。换电运营商是换电解决方案供应商的核心参与者，服务于各类上下游客户或企业，其进一步可以被分为电动车制造商和独立换电运营商。电动车制造商包括蔚来、江淮、吉利汽车、北汽蓝谷新能源科技股份有限公司（简称北汽蓝谷）和北汽福田汽车股份有限公司（简称北汽福田）等构成，独立换电运营商包括奥动新能源、上海融和电科融资租赁有限公司（简称融和电科）等。电动车制造商主要服务于公司自身的换电电动车，而独立换电运营商能够为行业上不同款式的电动车提供换电服务。随着换电技术的持续发展、换电相关基础设施的不断拓展和鼓励性的政府政策，未来预计市场将不断拓张，迎来更多的市场参与者。

产业链下游主要按照乘用车、商用车等不同应用场景进行市场细分。如新能源重卡的运营车队、私人换电乘用车的用户车主、出租车运营的出租车运输协会等。此外，电池全生命周期管理的最后一环电池回收目前也处在快速发展中。换电行业产业链的下游主要涵盖用于私人和商业用途的换电车以及动力电池回收方。在政策激励、技术发展和基础设施网络扩张的推动下，下游需求预计将增长。

从地域分布上，我国换电产业企业主体在华北、华中和华南地区均有分布，并呈现一定产业聚集趋势。这主要体现在换电产业需要电动汽车制造商以及电池制造商、运营服务商等产业链环节与地方政府的政策支持、市场需求协同发力，共同促成了我国换电产业企业主体在华北、华中和华南地区的分布和产业聚集趋势。这种趋势有助于推动换电模式的发展，提高电动汽车的可用性和便利性，为清洁能源交通的推广提供支持。

▶ 2.2　换电应用场景划分

换电应用的场景按照整备质量与百公里能耗范围划分，如图2-3 所示。乘用车换电模式目前主要分为运营车辆领域和私人乘用车领域，运营车辆领域包括出租车、网约车、分时租赁等。商用车换电模式目前在短途运输、短途干线有所应用，但城市物流、长途干线、专用车（如渣土车等）领域的电动化也在高速发展中，是换电模式有潜力的应用场景。除重型商用车外，中轻型商用车在城配物流领域有小规模试点应用。此外，矿用车辆整备质量大，作业强度高，也是换电模式具有应用潜力的场景。

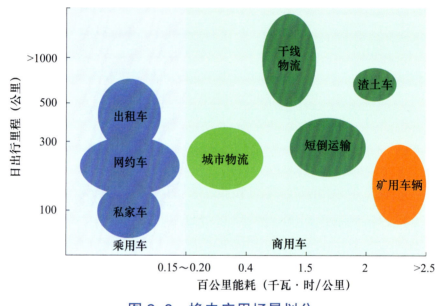

图 2-3　换电应用场景划分

▶ 2.3　乘用车换电场景与模式

对于私人乘用车用户，日出行里程较短，换电模式可有效吸引无停车位或无法自建充电桩的私人用户。私家乘用车工作日出行出发时间主要集中在早、晚高峰时段。私人乘用车以短途出行、通勤为主，不同用途的电动车出行里程分布规律存在显著的时空差异，典型城市日出行里程分布如图 2-4 所示。基于对北京、上海、广西柳州等多个城市千辆级电动汽车 2015—2021 年出行大数据进行分析，整体而言，私人乘用车日出行里程远低于出租车、共享车辆，60%～69% 的私人乘用车日均出行里程不超过 50 公里对于私人乘用车用户，特别是家里无停车位或无法自建充电桩的私人用户，换电可提供更加便捷的补能体验。

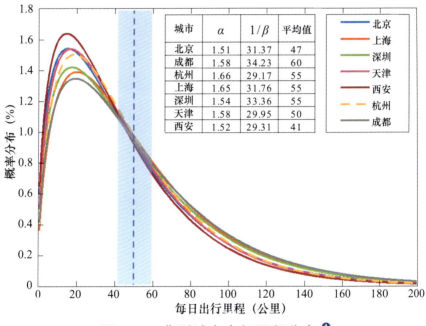

城市	α	$1/\beta$	平均值
北京	1.51	31.37	47
成都	1.58	34.23	60
杭州	1.66	29.17	55
上海	1.65	31.76	55
深圳	1.54	33.36	55
天津	1.58	29.95	50
西安	1.52	29.31	41

图 2-4　典型城市出行里程分布 ❶

私人乘用车换电场景特点体现在为消费者提供更好的用户体验，自动驾驶技术、密集的换电站布局和集中式服务为场景提供竞争优势。场景的亮点则包括自动驾驶技术的应用和密集

❶ Hao X, Wang H, Lin Z, Ouyang M. Seasonal effects on electric vehicle energy consumption and driving range: A case study on personal, taxi, and ridesharing vehicles. J Cleaner Prod 2020;249:119403. https://doi.org/10.1016/j.jclepro.2019.119403.

的换电站布局，这有效提升了消费者补能的体验感，同时也增强了品牌认可度。通过密集的换电站布局（如蔚来打造的"电区房"概念）改善消费者补能的便利性。与此同时，换电站与 L2 自动驾驶技术相结合，可实现换电站自动导航、一键自助换电（车辆自动泊入换电站）等，进一步提高消费者补能便利性。此外，集中式换电服务还具有对社会资源的潜在节约效益，提高了电动汽车的可持续性。

而运营车辆主要指出租车和网约车，换电模式用于这一场景的优势在于可以满足运营车辆高频高效补能的需求，有助于改善电动运营车的运营效率。运营车辆电动化采用传统充电模式存在用户里程焦虑、低温气候充电难、电池寿命短以及安全隐患等问题。换电模式可有效解决或缓解上述问题，因此，换电技术已在一些城市的出租车领域实现了规模化应用。特别是对于需要两班倒的高运营强度的出租车用户，换电具有显著的吸引力，但哪怕是单班倒的出租车用户，换电因为其更加良好的用户体验也受到了消费者的欢迎。即使在部分开放充电的窗口时间，换电也同样受到了消费者的欢迎。

基于上述优点，运营车辆换电模式已经在山东、安徽等地的部分城市实现规模化应用，并得到用户认可。从用户群体看，基于上海、安徽、吉林、北京等地的线上线下调研，运营车辆中偏好换电的用户群体主要包括双班倒出租车司机、网约车运距前 45% 的司机，此外还有部分单班出租车司机。特别是倾向于使用换电的司机，他们的日均行驶里程相对较高，每天比选择充电方式的司机多开 97 公里。从用户体验看，对于出租车司机，补能的等待时间是重要的考虑因素，而他们通常认为低于 35 分钟的排队等待时间是可以接受的，目前，大多数换电站排队时长都可以满足这一需求。因此，即使在部分开放充电的窗口时间，用户也有充分意愿在充电和换电间选择换电。从运营经济效益看，当前，电动出租车换电站平均每天进行 180 次的电池换电，可以初步盈利。

2.3.1　私人乘用车换电模式与案例分析

目前，关注换电的整车企业中，蔚来为长期坚持换电的企业之一。目前，蔚来的私人乘用车换电业务目前处于快速发展阶段，以饱和式布局和提升消费者补能用户体验为主要特征。

分布与规模：截至 2023 年 4 月，蔚来换电站已达到 2000 座，为用户提供日均约 4.5 万次、累计 2200 多万次的换电服务。高达 82.66% 的蔚来用户已经参与过至少一次的电池换电，这反映出用户对于这项服务的广泛认可。蔚来 NIO Power 换电网络发展历程见图 2-5。

应用场景：主要城市中，超 77% 用户 3 公里生活圈内至少有一座换电站；高速公路换电站中，已累计布局 601 座高速公路换电站，打通 6 纵 4 横 8 大城市群高速换电网络。

图 2-5 蔚来 NIO Power 换电网络发展历程

运行情况与商业模式：收费标准为 50 元 / 天，31 天封顶 880 元；每月 4～6 次免费换电。

技术方案：蔚来主要采用底盘螺栓式换电。同时通过自动驾驶＋密集的换电站布局有效提升消费者补能的体验感与品牌认可度。

困难与挑战：对于高速公路换电站的发展，场地选址受限和电力容量扩容困难是现阶段主要发展瓶颈。

发展规划：未来蔚来将持续发力高速公路换电网络，2025年将全面建成 9 纵 9 横 19 大城市群高速公路换电网络。现阶段高速公路换电站场地、电力容量是关键性因素。

从换电定位角度，蔚来计划为私人乘用车提供多样化的充电解决方案，以满足不同情境下的充电需求。这一理念以"宜充则充，宜换则换"为核心，为私人乘用车主提供了四种关键的换电业务定位。居住地专属加电方案可以通过安装交流和直流桩于住宅区，使私人乘用车主在家门口就能方便充电，满足日常充电需求。顺便加电的选择提供了直流和超充桩，可在路途中方便快速充电，为长途旅行和临时停留提供了可靠的充电选项。对于城际出行，建设换电站成为一项关键举措，为私人乘用车提供了迅速更换电池的机会，以减少充电时间，增加出行的灵活性。最后，针对紧急情况，提供移动服务，以确保私人乘用车主在有紧急充电需求时及时地得到满足，维护充电的便捷性和可靠性。这些长期定位策略的实施有望为私人乘用车主提供全面、便捷且高效的充电解决方案，进一步促进电动汽车的可持续发展。蔚来在产业生态位中的布局见图2-6。

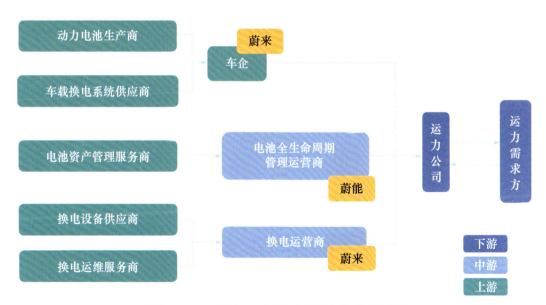

图2-6　蔚来在产业生态位中的布局

2.3.2　运营乘用车换电模式与案例分析

目前在运营乘用车换电运营服务包含不同的商业模式，按照车辆运营地区可以划分为高寒地区、北方寒冷地区、高海拔地区、华中地区、华南地区等，对换电服务的低温性能、全气候适应性有不同需求；按照运营服务商与设备供应商是否一致可以划分为设备供应运营一体（如泽清新能源）或者产权和运营分离（如国网与奥动合作模式）等，呈现不同的商业运营模式与产业链整合模式。

1. 泽清新能源

项目规模：泽清新能源于 2020 年 10 月开始与江淮、国轩动力合作出租车换电方案，目前在安徽、山东等地区开展运营。泽清新能源—江淮钇威—国轩动力产业链生态位见图 2-7。

图 2-7　泽清新能源—江淮钇威—国轩动力产业链生态位

关键技术：泽清新能源选择了框架式 Z 型水平机构卡扣式底盘换电的技术路线，同时还需要考虑兼容多款车型，通过框架式调整来实现兼容。

商业模式：该方案的计费方式采用了按里程计费，例如在安徽每公里费用包括换电服务费、电费和电池租金，总计为 0.3 元 / 公里；而在山东则为 0.33 元 / 公里。这一合作模式采用了车站包协同模式，其中车辆和站点运营均由泽清新能源负责，已经在一些城市初步实现盈利。为了确保换电站的盈利，每个站点配备了 100 辆车和 24 个周转电池包，并规定了每月换电里程的要求。

困难与挑战：企业负担大量电池成本导致资产负担较重的重资产问题，这可能影响企业的灵活性和适应性。

项目亮点：泽清新能源的换电场景着重于提供良好的换电体验，特别适用于无固定充电桩的运营车辆司机。此外，相应的换电站被定位为综合能源站，与 4S 店资源进行整合，形成了全生命周期服务生态系统，将 4S 店转化为体验中心、交付中心和服务中心，为公众提供多元化的服务。

国轩高科提供了标准化电池技术，磊式换电有助于资源的整合。然而，标准化电池也可能导致车厂受限，因此，在推进标准化方案时需要权衡不同利益。

发展规划：综合能源站的设计不仅仅满足基本的能源供给需求，更注重用户体验、服务智能化，以及未来技术的融合，形成一个全面服务用户需求的综合能源生态。同时，无人驾驶等未来商业模式结合，智能化＋换电将成为面向C端的重要生态。

2. 安易行

安易行是一家充换电能源服务公司，致力于为出行及物流行业提供优质的新能源运营解决方案。主要合作方包括东风柳州汽车有限公司（简称东风柳汽）、欣旺达电子股份有限公司（简称欣旺达）等，业务覆盖充换电运营、换电车型开发、换电设备定制、大数据平台构建、充换电站工程总包等，为用户提供一体化解决方案和一站式能源服务。同时，安易行通过全资持有的方式加入电池银行业务，整合相关业务。

关键技术：采用底盘螺栓式换电，该项目的优势在于提高了换电效率，有效降低了备用电池数量，从21块减至9块，进一步提升了资源利用效率。

商业模式：按照度电计费，计算方法为基础电价＋（0.25～0.45）元/（千瓦·时）服务费。

困难与挑战：城区范围内补能场地难以获取、现阶段用电成本仍然较高。

项目亮点：引入优质投资早期支持电池银行模式，有助于减轻企业内部的财务压力，推动模式的可持续发展。

发展规划：光储充换放一体能源站的建设在降低站内能耗

方面具有重要意义，电力成本占据了约 60% 的运营成本，综合能源可有效改善经济性。东风柳汽—欣旺达—安易行产业链生态位见图 2-8。

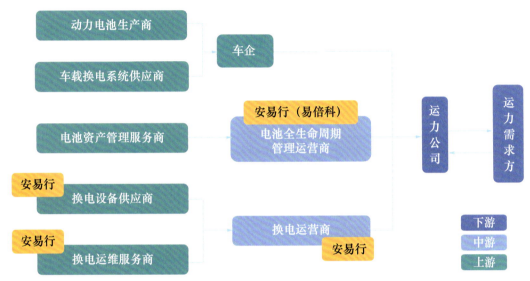

图 2-8　东风柳汽—欣旺达—安易行产业链生态位

3. 国网吉林电动汽车 - 奥动新能源

项目规模：案例涉及一汽、国网吉林电动汽车服务有限公司（简称国网吉林电动）和长春市出租汽车暨汽车租赁协会的三方合作，合作模式如图 2-9 所示，旨在通过换电模式快速推动出租车的电动化。目前，该项目以长春市为主，辐射周围城市，截至 2023 年 8 月，已经累计建立了 77 个换电站，服务 1.7 万辆换电出租车和网约车，总换电量达到约 1.7 亿千瓦·时，总里程达到 6.78 亿公里。夏季平均每天进行 1.5 ~ 1.6 次的换电，而冬季平均每天需要 2.6 ~ 3 次的换电。

关键技术：底盘卡扣式换电。

商业模式：按里程计费模式约为 0.3 元 / 公里，包含电池租金、电费以及平台使用费用，参见图 2-9。

图 2-9   国网吉林电动——汽红旗—奥动新能源商业模式说明

困难与挑战：尽管项目规模庞大，经济性相对较差，国网吉林电动和一汽富华都难以盈利。这部分原因可能与车辆价格较高有关，采用的车辆的价格在 20 万元以上，尽管通过电池银行和政府补贴可以实现初始购置价格 8 万元左右，但车辆的维修保养仍然导致费用较高，使得车辆全生命周期使用成本较高，现阶段盈利性不佳。此外，冬季换电面临一些挑战，包括续航里程下降导致换电频率增加，以及冬季补能效率较低，导致换电站服务能力下降。特别是在气温穿越零摄氏度时，车载换电机构可能结冰，导致难以进行换电操作，尤其是对于卡扣式机构来说问题更加突出。解决这些问题的方法包括安装挡板和吹热风等方式，以减轻冬季换电的困难。

一汽红旗—奥动新能源—国网吉林电动产业链生态位见图 2-10。

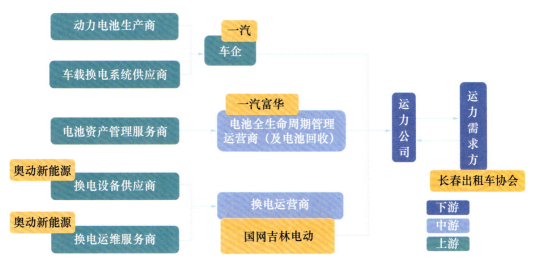

图 2-10　一汽红旗—奥动新能源—国网吉林电动产业链生态位

▶ 2.4　商用车换电场景与模式

在重卡领域推广换电，换电重卡应用场景不断拓展，部分试点区域呈现换电基础设施组网雏形。重卡换电应用于封闭场景的技术解决方案及商业模式已初步成熟并具备批量复制的条件。从 2020 年 7 月我国首批换电重卡及首个重卡换电站投运至今，全国已投建重卡换电站近 500 座，覆盖全国 70 余座城市。

以国家电力投资集团有限公司（简称国家电投）、国网电动汽车等为代表的重卡换电基础设施运营商通过试点示范探索出了以矿山、钢厂、港口、城市渣土、电厂为主的封闭场景，并形成了成熟的技术解决方案及商业模式。这些场景共同特点如下：一是钢厂、矿山等"高频""重载"场景，通常需要重卡24小时连续运营。二是重卡主要服务于大宗商品物流运输，如港口、钢厂、矿山、城市渣土等，是国家环保压力下寻求新能源转型的重点产业。按照现有充电技术，一个典型重卡电池包（282千瓦·时容量）充电需1~1.5小时，而采用换电重卡整个换电过程只需3~5分钟，运营效率大幅提升。

重卡短途距离运输场景介绍见图2-11。

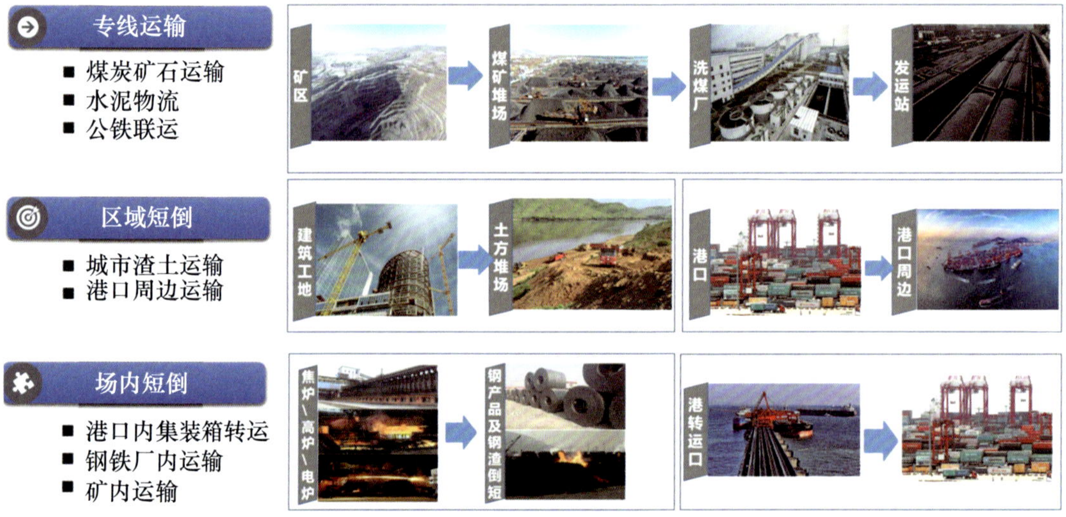

专线运输	
■ 煤炭矿石运输 ■ 水泥物流 ■ 公铁联运	矿区 → 煤矿堆场 → 洗煤厂 → 发运站

区域短倒	
■ 城市渣土运输 ■ 港口周边运输	建筑工地 → 土方堆场　　港口 → 港口周边

场内短倒	
■ 港口内集装箱转运 ■ 钢铁厂内运输 ■ 矿内运输	焦炉\高炉\电炉 → 钢产品及钢渣倒短　　港转运口 →

图2-11　重卡短途距离运输场景介绍

重卡换电应用于中等距离干线运输成效不断得到验证。启源芯动力联合 G7、鄂尔多斯绿动集团、达拉特旗汇达能源等合作的"鄂尔多斯—包头"运煤干线使用换电模式，全程 120 公里，实现了省内城际干线取得突破；基于川渝地区达州、万州、开州三地矿山、电厂、商砼园区等高频重载运输场景，结合电能补给优势，在重庆长江沿线进行换电站整体布局，打通四川达州、重庆开州、重庆万州三地的连接，建设了国内首组省际换电重卡干线网络，总长 420 公里；唐山市从 2021 年年底开始规划建设"三纵一横"重卡换电干线组网，结合唐山各大钢厂的实际分布、运力情况及京唐港的位置，构建出了国内首组"三纵一横"换电干线网络，全长 620 公里。干线目前已投运，串联周边 20+ 钢铁企业，为超 5000 辆换电重卡提供服务，是重卡换电站城市内组网的标杆。

商用车换电已初步形成跨品牌互换的发展趋势。跨换电站运营商互换方面，通过采用标准化的电池框架，已有近 40 家换电运营商之间可实现共享互换；在跨主机厂跨车型公告车辆互换方面，截至工业与信息化部车型公告第 373 批次，有 100 家主机厂共 667 款换电重卡车型。其中，共 87 家主机厂，564 款换电重卡车型可实现跨主机厂、跨公告共享互换，共享互换公告车型，占比高达 85%。

2.4.1　重卡换电短倒运输模式与案例分析

1. 换电短倒运输：启源芯动力"换电＋甩箱"项目

项目简介：包头某电厂的燃煤从鄂尔多斯潮脑梁煤矿采购，运输距离约 130 公里。传统运输模式下，煤矿端装货排队平均 3 小时，在途运输平均 2.5 小时，电厂端卸货排队 6～8 小时（平均 6.5 小时），往返一趟 15 小时。电厂外长期有 100～200 辆车在排队，平均排队时间 6 个多小时，排队是影响运输效率最主要的因素。

项目通过革新运输方式，引入新能源和智慧甩箱技术，对电煤的干线运输和装卸流程进行了优化。这一变革使得司机的往返时间从 15 小时缩短至 4 个多小时，同时，运输车辆的日均运输次数从不到 1 次提升至 4～6 次。项目启动首月，单车日均行驶里程从 300 公里显著增加至近 1000 公里。此外，项目有助于解决环保问题，并利用数字化管理工具，有效监控车辆、吊装设备和陆港运营。

项目特点：一是采用数字化运力调度平台有效整合运力，包括对车辆、共建车队和外协运力，保障车辆及基础设施的运营效率。二是通过干线车辆运营效率大幅提升，降低车辆单趟综合运输成本；三是通过物联网设备和数字甩箱软件平台实现运输环节全程监控，保障货物安全；四是电厂端排队拥堵问题得到有效缓解，减少汽车燃油及碳排放。同时"集装箱运输 +篷布"大大减少煤炭运输途中粉尘污染。

经济效益及社会效益分析：这种场景下换电模式的应用能够快速降低扬尘、减少车辆排队和尾气排放，有助于推动实现"双碳"目标，具有显著的经济效益和社会效益。

2. 煤光储充换一体化：启源芯动力宁夏项目

项目简介：位于宁夏的煤光储充换一体化项目由两套百万千瓦级的煤电机组作为核心，辅以约 5.5 兆瓦的分布式光伏发电设施。项目还包括两个集中式换电站，每个站配备 7 块备用电池，总容量达到 1.974 兆瓦·时，以及 80 辆电动重卡。这一综合项目不仅提高了能源的利用效率，还推动了清洁能源和绿色运输的发展。本着绿电交通的环保理念，电源主要来自输煤的 10 千伏配电室，同时，两条光伏线路也并入此配电室，实现了双电源的接入。项目采取了智能能源管理策略，优先使用光伏发电，以减少对化石燃料的依赖。在夜间或光伏发电不稳定的情况下，系统会自动切换到煤电机组提供的厂用电。此外，当光伏发电产能过剩时，多余的电力将被用于火电厂的厂用电，从而优化能源配置，提高能源使用效率。煤光储充一体化项目示意图如图 2-12 所示。

项目特点：该项目为典型的新能源协同传统能源的源网荷储一体化项目，是未来新型电力系统建设的重要方向。其特点

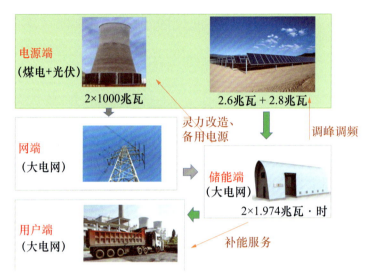

图 2-12　煤光储充一体化项目示意图

主要有四个方面。一是清洁稳定。源端通过整合光伏与燃煤发电设施，为绿色交通提供稳定的电力支持。考虑到太阳能发电在夜间的不可用性，项目特别设计了在夜间利用燃煤电厂的低峰时段电力，以满足换电重卡的能源需求，确保了电力供应的连续性和可靠性。二是高效经济。该项目采用创新的"换电重卡—换电站—电池银行"运营模式，显著提高了运输效率，同时优化了电力来源，白天利用光伏电力，夜间利用成本较低的火电谷电。三是资源配置优。通过使用低成本的厂用电为燃煤运输提供服务，避免了电力的远距离传输，实现了资源的集约化利用。换电站和电池银行不仅为电动汽车提供服务，还能作为储能设施，发挥削峰填谷的功能。光伏电站除正常供应换电站充电所需之外，变相实现了余电上网。

在交通电动化的进程中，确保电力来源的清洁化是关键挑战。此类"光储充换 +"示范项目不仅实现了交通能源的绿色转型，还通过创新模式促进了新能源车辆在需求侧管理中的应用，增强了绿色电力的消费潜力，为构建新能源主导的新型电力系统奠定了基础。

3. 城市级重卡换电：江苏电投易充多主体互通互换换电站

项目规模：江苏电投易新能源科技有限公司（简称江苏电投易充）于 2020 年 10 月开始与开沃新能源汽车集团股份有限公司、徐工集团工程机械股份有限公司、吉利、南京恒天领锐汽车有限公司、宁德时代、蜂巢能源科技股份有限公司合作重卡换电方案，目前在江苏、山西等地区开展运营。江苏电投易充重卡换电产业链生态如图 2-13 所示。

关键技术：江苏电投易充选择顶部换电的技术路线，牵头制定了全国首个地方标准，纳入国家汽车行业推荐标准，已完成车辆公告 100 余项，其生产的标准化电池包产品可以与国内主流整车企业多款车型兼容，具备应用端互通互换基础。

商业模式：该方案的计费方式采用了按车辆单次换电量进行计费，江苏电投易充通过搭建"互通互换"平台实现了电池包在不同车辆、不同换电站和不同电池银行之间高效运转。区别于点场景的换电站运营服务，江苏电投易充是基于城市级应用场景来搭建大运力体系，通过政府政策、法规的科学引导，

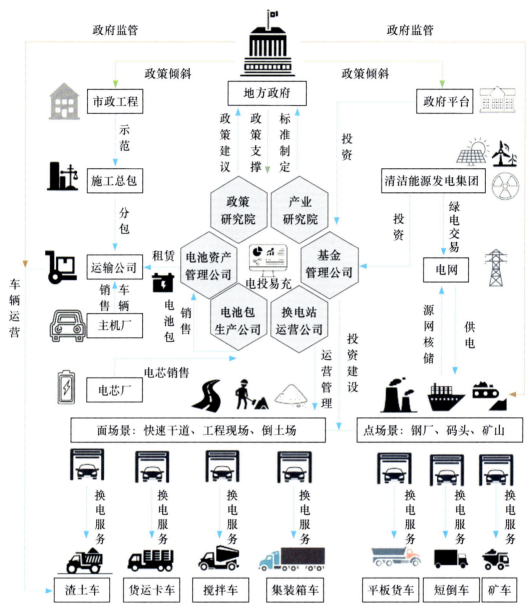

图 2-13　江苏电投易充重卡换电产业链生态

通过提高运营车辆运输效率，来确保各参与主体的盈利。例如在江苏南京每度电费 1.1 元，每度电费用包括换电服务费、基础电费，南京重点打造渣土领域推广应用场景，通过保障换电重卡运营时间和工程比例要求，实现运力充裕，初步实现盈利。

其中，江苏电投易充负责部分站点运营，主要树立示范站点和样板站点。

困难与挑战：企业项目实施过程中，与地方政府确认前期落地方案的实施周期长，项目资金投入高，企业还承担与整车企业、换电站企业和电池银行企业的商务对接和技术对接工作，建立信任机制和服务质量保障尤为重要，前期推广阶段可能会出现无法破局情况。

项目亮点：江苏电投易充的重卡换电场景是一套共建体系。打破了"抢地盘、筑壁垒"传统零和竞争思维，在地方政府的统筹规划下，发挥各自技术及资源优势，实现了换电场景间的"互通互换"，破解车辆续航里程和补能效率的限制。项目站点结合了城市交通枢纽区域，与加油站等常规能源服务点结合，形成了综合能源岛效应，丰富了交通补能体系，如南京市铁心桥服务换电站。

江苏电投易充在这个案例中扮演了关键角色。他们提供了标准化电池包、运营平台、监管平台等技术产品，整合了政策、法规、标准、产品、平台、运营等一系列工作，积极探索可复制的模式。

发展规划：共建重卡换电应用模式不仅满足车辆基本的能源供给需求，更注重与产业发展、交通结构转型升级、用户体验、服务智能化，以及未来技术的融合，形成一个既能拉动当地产业转型升级，又能全面服务用户需求的生态场景。

2.4.2　重卡换电干线运输模式与案例分析

省级干线：阳光铭岛—广西换电重卡省级跨城干线

分布与规模：广西壮族自治区内，一条由钦州港 / 防城港市至百色靖西市的新能源重型卡车充换电站线路已经建成，共设有 25 个站点。这些站点均按照 7+1 电池位的自研标准设计，平均站距保持在 90～110 公里之间，确保换电服务的连续性和便捷性。该项目旨在建立一个标准化的充换电服务体系，作为广西新能源重卡充换电的示范应用项目。

应用场景：本项目沿一条全长约 500 公里的路线展开，该路线海拔起伏达到 1500 米，从钦州港 / 防城港出发，经过钦州钦南区、南宁良庆区、南宁隆安县、百色田东县、百色德保县，最终到达靖西市。

项目运行情况：项目实施后，强化了钦州港 / 防城港至靖西市沿线的换电设施，每站服务半径达 50 公里，确保沿线车辆获得高效能源补给。此举将促进绿色物流的新模式推广，并在全国构建起长途和短途的公共充换电网络。

2.4.3　其他换电车辆（换电矿卡）模式与案例分析

在矿山运输领域，换电矿卡自 2020 年首次投运至今，已在国内少数矿山试点运行，形成较小规模的编组运营。矿山车辆换电应用于低速封闭场景的技术解决方案及商业模式中，其仍在探索阶段，换电矿卡重点围绕现在市场保有量约 10 万辆的宽体自卸领域进行推广。

1. 换电矿卡：启源芯动力零碳智能矿山项目

项目简介：黑龙江省某矿山，年平均气温 1.6℃。最低月（一月）平均气温 -20.9℃，极端最低气温为 -39.7℃，最高月（七月）平均气温 21.1℃，极端最高气温为 35.1℃。项目通过精准调度车辆和机械，优化了矿石和废石的运输流程。2023 年 6 月，项目新增了 20 辆换电矿卡和 2 辆自动驾驶矿卡，并配备了一座适应极寒环境的专用换电站。每个电池组容量为 396.4 千瓦·时，足以支撑近 40 公里的行驶距离。在标准条件下，换电站每天能处理的电量为 25000 ~ 30000 千瓦·时。

项目特点：该项目为构建新型电力系统提供了新思路，源网荷储一体化融合新能源与传统能源，在清洁运输和施工方面迈出了重要步伐，通过电动矿卡、装载机和推土机等设备的使用，为矿山行业树立了零排放的典范，并成为打造零碳智能矿山的标杆。同时，项目在经济效益上也表现出高效性。相比传统燃油矿卡，采用"换电重卡—换电站—电池银行"三位一体运营模式，每次换电仅需 5 ~ 7 分钟，运输效率大幅提升，且采用电力作为驱动能源，相比燃油经济性效益显著。该项目还具有技术验证与示范作用。该矿因其低至 -39.7℃ 的气温，成为测试在极端寒冷条件下换电矿卡电池性能的理想场所，为电池技术更新提供了重要的实证数据。此外，该项目也是甲板式换电矿卡的首次规模化示范应用。

经济效益及社会效益分析：因矿山场景为典型的高频重载应用场景，日均运营时长为 20～22 小时，运力稳定。在 6-8 月份雨水较多的天气，重载下坡时油电经济性仍可达 10.5%～17.9%。换电站运营效率高达 60%～80%。

2. 换电智能矿卡：国网商用电动汽车伊敏露天矿案例

分布与规模：2020 年，伊敏露天矿率先投运了首辆重型矿用卡车的智能换电系统，标志着智能电动交通技术开始在矿山行业创新应用。2023 年，华能内蒙古东部能源有限公司、华能伊敏煤电有限责任公司、华能信息技术有限公司、徐州徐工重型车辆有限公司、国网商用电动汽车投资有限责任公司和北京科技大学六家联手，共同推进《取消驾驶室的无人纯电动矿用卡车及配套支持系统定制化开发研究与示范推广项目》，专注于定制开发和示范推广无人驾驶纯电动矿卡及其相关支持系统。2023 年投产 10 辆无人换电矿卡，配套移动换电站。

运行情况与商业模式：系统实现了自动化换电功能，配备 260 千瓦·时的多元复合锂电池，能在 1 小时内充满电，换电过程平均耗时 4 分钟。矿卡在满载状态下能行驶 40 公里，可适应矿山的短途运输需求。

技术特征：采用移动式换电站应用于开采面变化场景，随着矿山开采工作推展，矿卡工作范围会逐步增大，新的开采面与原换电站位置距离变大，会导致矿卡每次往返换电站进行换电的时间和能量损耗增大。因此，提出了可移动式电动矿用卡车换电站设计方案并已顺利实施。当矿山开采面推进到一定阶段时，将可移动式换电站拆装后整体移动至新场址，尽量缩短矿用卡车换电距离，从而使矿用电动卡车生产效率维持在较高水平，降低换电过程的时间和能量损耗。基于模块化设计的移动式换电站则可以解决因开采区转移而导致往返换电站过程中能量损耗增大的问题，同时实现各项结构材料和设备的重复利用，提升资源利用效率。矿卡换电站如图 2-14 所示。

（a）固定式换电站　　　　　　（b）移动式换电站

图 2-14　矿卡换电站

3. 换电矿卡正向开发：启源芯动力电牛 Ebull

技术特征：2023 年，由国家电投、启源芯动力、上海伯镭智能科技有限公司、特百佳动力科技股份有限公司、重庆红岩建设机械制造有限责任公司联合打造的全国首辆无驾驶室智能换电无人矿卡"电牛 Ebull"在重庆下线。取消驾驶室的车型设计为换电系统的创新和应用提供了更广泛的可能性。该车型按照国家电投绿电交通中心发起制定的"无驾驶室换电矿卡设计标准"正向设计，电池系统采用了多元复合锂电池技术，容量260 千瓦·时，平均每辆卡车只需 4 分钟就可以完成一次电池更换。启源芯动力为电牛 Ebull 电动汽车打造了电池系统和智能充换电技术，引入了创新的配送式充换电站点。在满载状态下，电牛 Ebull 能行驶 40 公里，充分适应了矿山的短途运输需求，为矿山业提供一种高效和环境友好的运输方式。电牛 Ebull 无驾驶室换电矿卡如图 2-15 所示。

图 2-15　电牛 Ebull 无驾驶室换电矿卡

第 3 章
换电产业发展关键因素

▶ 3.1 关键因素分析框架

本书基于换电产业组织分析模型，从换电技术、经济性与市场结构和竞争环境三个角度对影响换电产业发展的关键因素进行梳理。关键因素的筛选过程结合产业组织理论中的技术—组织—环境（Technology-Organization-Environment，TOE）理论与产业组织分析模型［SCP，即市场结构（Structure）、市场行为（Conduct）、市场绩效（Performance）］。对换电产业在不同应用场景的影响因素从技术、经济性、市场结构与竞争环境三个维度进行系统地梳理，如图 3-1 所示。

▶ 3.2 技术因素

对换电发展影响较为关键的技术因素包括换电设备、车辆

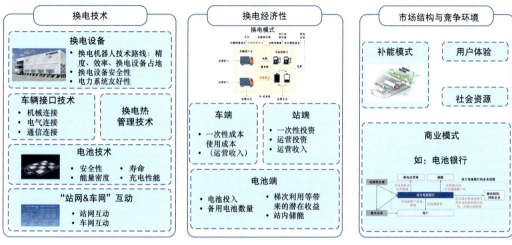

图 3-1　换电产业发展关键因素研究框架

接口技术和电池技术，本书重点关注相应技术因素的发展对换电产业发展的影响。

3.2.1　换电设备

换电设备技术路径与换电技术方案密切相关，重卡车辆底盘式换电或是远期发展方向。乘用车目前主要采用底盘换电技术，但在换电接口上存在差异。商用车目前较少采用底盘换电，顶吊式、侧向换电都有应用。底盘换电，顶吊式、侧向换电方式往往是基于现有电动商用车平台基础进行换电接口改造，整车能效尚未得到优化。通过正向方式研发换电专用底盘及推广应用商用车滑板底盘能够通过集成化改善载货空间、降低能耗等方式提高综合经济性，将有望成为换电技术方案的重要突破方向。但目前重卡实际应用场景复杂，底盘式换电尚难以满足多样化的换电应用场景。

换电设备发展方面。换电设备的核心竞争力在于可靠性和耐久性，现阶段换电设备技术水平已基本可满足实际需求。

（1）可靠性。换电设备"黑科技"较少，设备的可靠性要求高，通常换电站机械臂的利用频率达到 1400 次 / 天，使用寿命至少达半年，如何做到技术更优、成本更低、稳定性更好是设备商追求的主要目标。

（2）精确性。精确性主要体现为换电口位要精准，一般精度要求达到毫米级；电池取放需要电池自动取放装置通过伺服定位模块与标签定位模块组成的定位系统，完成对电池的精确定位，提高换电效率和安全性。此外，还需要对电池的外观进行检测。

换电设备将进一步向更加快速、更加可靠、轻量化及占地面积减少方向变化，这一变化趋势将有助于进一步促进换电产业的发展。T/CAAMTB 55—2021《电动乘用车共享换电站建设规范》团体标准中对换电平台占地面积进行了明确说明，其中，换电平台和装置技术要求明确了换电平台是指用于实现对换电车辆进行电池包更换的机械台架及设备，包括车辆停放平台、电池包更换设备等。并规定了适用于电动乘用车共享换电站换电平台的组成，以及功能要求、性能要求、安全性要求、试验方法等。占地面积方面，随着电池舱的进一步集约化，单换电通道的占地面积有望进一步降低，但空间受到换电平台尺寸的限制。随着电池技术及车载换电机构的集成设计，换电装置将进一步降低重量。以换电重卡为例，2023年传统的282千瓦·时电池的车端换电装置已从2.98吨降至2.45吨，根据对重卡的估算，车载换电系统每降低1千克，单车运输收入增加32.68元/年。

同时，换电站技术的发展趋势包括智能化、无人化/少人化。智能化包括自动化程度更高的换电机器人、智能电池管理系统等；无人化/少人化意味着提供自助服务终端，使用户能够自主完成电池更换、支付等操作，减少对人工服务的依赖。通过远程监控系统，运营商可以实时监测换电站设备状态，进行远程故障处理和维护管理，减少现场人员需求。此外，还需要引入电池智能管理，通过智能传感器和监测技术实时监测电池状态，包括电量、温度、健康状况等，以确保更换的电池处于良好状态。

3.2.2　接口技术

换电技术的发展中与车辆的接口主要包括机械连接、电气连接与通信连接三种类型。换电连接器是充电与电池更换系统的重要零部件，是用于实现整车与电池系统之间电气快速连接、分离的专用连接器，主要由换电插头、换电插座及相关电缆组成。在新能源汽车换电模式的应用上，换电连接器是电池包唯一的电接口，需要同时提供高压、低压、通信及接地的混装连接。根据接口技术的技术路径，可以划分为机械连接、电气连接与通信连接三个类型。

1. 机械连接

目前，市场中主要的机械连接方式包括螺栓式换电与卡扣式换电，两种技术路径均已具有成熟、可靠的商业实践。正向开发换电车型决定换电技术路线，底盘 Z 向换电是重要趋势。"底盘 Z 向换电"指的是电动汽车在进行电池更换时，电池包的更换方向是沿车辆底盘的 Z 轴方向。Z 向换电使得电池包在纵向更容易安装和更换，可以简化电动汽车的底盘设计和更换系统的操作。这有助于提高电池更换的效率和可靠性。沿 Z 轴方向进行电池更换可以更好地利用车辆的垂直空间，减小电池更换系统的体积占用。这对于车辆的空间利用效率和整体设计的紧凑性都是有利的。

此外，特别需要关注的是冬季气温下降到零摄氏度以下时，电动汽车的换电机构可能面临底盘结冰带来的换电困难，这被称为"穿越零度"的换电难题；穿越零度换电难题将直接影响换电模式的全气候条件适应性。在极寒天气中，车载的换电机构容易结冰，这会导致电池包的卡扣难以打开或关闭，尤其是卡扣式换电机构更容易受到影响。为了应对这一问题，一些解决方案被提出，例如在电动车上安装挡板来减少外部寒冷气流对换电机构的影响，或者使用吹热风的方式来防止结冰。整车热管理的技术方案改进也对缓解冬季换电问题有根本性的改善。这些创新的方法有助于缓解冬季换电过程中可能出现的机械连接问题，确保电动车用户在寒冷的气温下依然能够顺利进行换电操作。

2. 电气连接

换电系统的电气连接应满足功率传输、信息交互和安全防护的基本功能需求。电连接器是实现电动车与电池包、电池包与充电架之间传导式连接的专用电连接器，由连接器插头和连接器插座组成。电气连接应具有高压互锁功能并在耦合与脱开过程保持特定顺序以确保安全，耦合后防护等级满足 IP67&IP69K。电连接器具有导向浮动功能，插拔寿命大于等于 10000 次，插拔力不超过 400N。电连接器导向机构轴向应能修正不小于 1°的角度偏差，垂直换电 X/Y/Z 向浮动不小于 ±5 毫米，水平换电 X/Y/Z 向浮动不小于 ±3 毫米。电性能方面，连接器额定电压为直流 500～800 伏，具有 200～500 安的过流能力，高低压端子与壳体间绝缘电阻不小于 200 兆欧 /1000 伏，介电强度为交流 3000 伏，60 秒无击穿闪弧。目前，电连接器有插拔式和平面 + 簧圈连接两种方式，乘用车两种方式都有，商用车一般采用插拔式。

3. 通信连接

电池包的通信标准在控制器局域网（CAN）的通信物理层、

数据链路层、应用层均有明确标准规定。目前，通常由换电运营商通过转换装置实现连接，但通信标准不统一的问题将制约换电产业的进一步发展。BMS 与充电机的通信应使用独立于动力总成控制系统之外的 CAN 接口，通信速率采用 250 千比特 / 秒。但目前不同换电运营服务商仍然面临着通信连接标准不统一的问题，本质是换电运营服务的商业数据壁垒尚未打通，也为不同换电服务平台之间的互联互通带来了不便。但从通信标准统一的技术层面上，目前并不存在实质性的难度。

3.2.3　电池技术

电池技术路径与技术发展水平的不同将影响电池能量密度、寿命、充电速率与低温性能等，这些因素均对换电模式的应用有显著影响。不仅如此，电池的性能也影响充电换电模式在市场中的相对竞争关系。

电池的能量密度是同时影响充电、换电补能模式的关键因素，能量密度的提升对于充换电模式的发展均有助益。根据《中国制造 2025》，到 2025 年电池的单体密度要达到 400 瓦·时 / 千克，到 2030 年要争取 500 瓦·时 / 千克。提升电池的能量密度将降低私人乘用车换电频次，因为高能量密度的电池可以在单次充 / 换电中行驶更远的距离，可以进一步缓解消费者里程焦虑，降低消费者对于换电模式的依赖；同时，商用车可以装载的电池容量增加，从而增加换电重卡的单程运距，扩展车辆的应用场景。

其次，电池的寿命越来越长，将有助于进一步改善换电的经济性，换电模式有助于更加充分发挥电池的全生命周期价值。随着电池全生命周期管理行业的日益完善，电池寿命大于车辆寿命成为现实，使用换电模式对于消费者有助于降低单车的全生命周期成本，对于换电服务方可以更多次地进行换电，从而减少了维护和更换的成本，将进一步增加电池换电服务的盈利潜力。

同时，电池充电速率提升将同时推动充电换电模式的发展。充电速率提升将大幅度缩短充电所需时间，一方面将加强充电模式的市场竞争力；但同时也将提升换电站电池补能效率，进一步提升换电站运营效率。

针对换电的场景应用，标准化换电模块的发展对于换电产业发展也具有典型意义。2022 年初宁德时代全资子公司时代电服在线上举行首场发布会，发布换电服务品牌 EVOGO 及组合换电整体解决方案。EVOGO 的组合换电整体解决方案，由换电块、快换站、APP 三大产品共同构成。最主要的创新是巧克力换电块，EVOGO 称其有小而高能、自由组合、极简设计的特点。EVOGO 的单个巧克力换电块可以提供 200 公里左右的里程，采用了宁德时代最新 CTP 技术，预计重量能量密度超过 160 瓦·时 / 千克，体积能量密度超过 325 瓦·时 / 升。同时，该换电块还配备了无线 BMS 技术，外部只有高压正负接口，大幅提高了插拔部件的可靠性。

此外，电池低温性能将同时影响充换电补能模式，但换电对低温的适用性更好。在运行中，电池低温性能将影响冬季续航里程；在补能时低温下充电速率也有所下降。尽管换电在冬季使用时低温条件下电池续航里程不足将增加换电频率，换电站单站服务的车辆数下降，按照里程计费时单站收入将大幅度下降；在补能时，也需要将电池预热后进行充电，换电站运营效率将下降。换电在寒冷地区、高寒地区使用相较于充电模式仍更具有优势。

电池包热管理方式也将对换电装置产生不同的要求。目前，主要采用的热管理技术方案包括：

（1）无热管理。电池包内无热管理相关零部件，通过电池包与外界环境发生热交换达到电池包冷却。当电池需要加热时，只能通过电池充放电时自身发热实现加热效果。一般低成本的乘用车、物流车、小型的乘用车采用该方式。

（2）液冷管（板）+加热膜。电池包内安装液冷管（管）和加热膜，在车端安装空调压缩机和热交换器。当电池需要冷却时，启动车端空调压缩机，通过热交换器对液冷管路中的冷却液冷却。通过冷却液在密封回路中的循环，对电池持续降温。当电池达到温度阈值时，停止降温。电池包在换电站充电时，充电电量来源于充电机；而用于电池包制冷或加热的能量，来源于换电站热管理系统单独的电力分配。

（3）液冷液热系统。电池包内安装液冷管（板），在车端安装空调压缩机、热交换器和 PTC 加热模块。当电池冷却时，启动空调压缩机，通过热交换器对管路中的液体进行冷却，此时 PTC 加热模块处于关闭状态。通过冷却液在密封回路中的循环，对电池持续降温。当电池达到温度阈值时，停止降温。目前具有液冷功能的乘用车、大型商用车基本采用该方式。有热管理回路的电池包需要在车载换电装置中额外关注电池包与车辆端的热管理回路接口。

3.2.4 "站网 & 车网"互动技术

换电站相比充电桩，充电时间可控，有助于实现错峰用电，分担电网压力，也减少大功率随机波动对电网的伤害。电动汽车用户充电随机性较大，特别是随着快充、超充桩的接入，大功率的快充 / 超充充电桩插拔时会产生高电流和冲击电压，可对局域电网造成损害。而换电模式可以通过对充放电时间的灵活调控，实现削峰填谷。同时，换电站也可作为储能设施，成为充电桩与电网之间的缓冲，进一步降低随机、大功率充电对电网的负面影响。2019 年至 2024 年 2 月底，蔚来已组织换电站 587 座、超过 2.7 万根充电桩参与全国 14 个省市的需求响应以及调峰辅助服务，总调峰容量约 30 万千瓦。根据蔚来换电站换电量历史数据测算，平均每单换电量 54 千瓦·时，假设每个站配 15 块电池，充放电效率按 88%（保守估计）、电网峰谷价差较大的区域（目前蔚来已布换电站 74% 都在该区域），电网互动峰谷套利的理论收益一般期望已达 70000 元 / 年。蔚来换电站调峰调频机理示意图如图 3-2 所示。

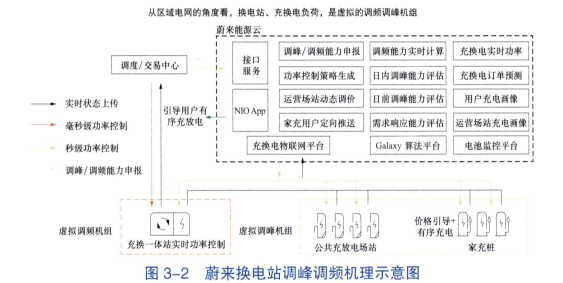

图 3-2　蔚来换电站调峰调频机理示意图

除了电网调峰，拥有储能功能的换电站还可以辅助电网调频，降低电网安全稳定运行风险。调频需要跟电网的自动发电控制（Automatic Generation Control，AGC）配合，跟随电力调度机构下达的指令，按照调节速率实时调整功率，满足电力系统频率要求。通过并网交互，换电站可以通过专网直联电网调度中心，接受电网调度指令，做到分钟级甚至秒级的功率响应，高效参与调频。2022 年 8 月，多地电力供应紧张，合肥电力调度控制中心便向全市 15 座蔚来换电站发出指令。1 分钟内，合肥电网累计降低负荷 1.4 兆瓦，平均每站降低功率约 100 千瓦，每块电池仅增加约 5 分钟充电时间。

换电站还可充当分布式储能的角色，构建微电网。换电站本质上是一个个分布在各地的储能站，与家用电器等负荷不同，电动汽车换电站负荷具有高度的灵活性和可调节性，还可以作为储能设施进行"放电"，不仅可以降低电动汽车充电对电网的影响，也可为电力系统调控提供新的调度资源，更能避免大量电网和电源相关的投资浪费。因此，换电式电动汽车及换电站可充分发挥其灵活负荷的优势，以有序充电方式参与用户侧需求响应。蔚来汽车研发了以"即时通信"和"感控聚合"为核心的虚拟电池厂技术，将换电站作为一个虚拟特殊电厂参与电力市场和电网运行的电源协调管理。通过"虚拟电厂"提供能量互动接口服务，包括能量互动、能量组网、功率控制、能量运营等，实现了调峰调频、动态储能、有序充电等电网互动功能，降低了 20% 的换电站度电成本。

▶ 3.3　经济因素

换电模式的经济性需要全面综合考虑车辆端、换电站端、电池端的经济性，此外，站网互动也将带来盈利模式的改变，有时还需额外考虑用户端的经济性因素。现金流示意图如图 3-3 所示。

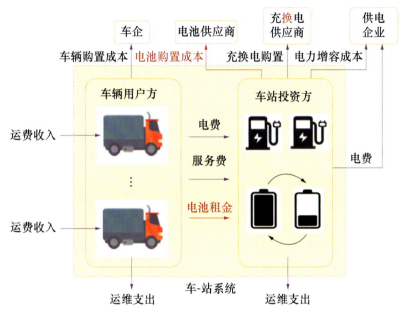

图 3-3　换电模式现金流示意图

3.3.1　车端

车端换电模式对经济性的影响，包括一次性投入、换电费用及对于运营车辆收入的影响。以用于运营的重卡车辆的经济性为例，初始投资可简化描述为

$$初始总投资 = 裸车价格 + 电池价格$$

其中，电池配置需要考虑

$$电池价格 = 电池单价 \times 电量配置$$

$$电量配置 = 补能里程 \times 能耗 / 充电效率 / SOC\ 使用范围$$

车辆年度运行支出包括保险维修、用人成本、电池租金、电费等。

年运行支出 = 保险费 + 维修费 + 司机单价 × 司机人数 + 电价 × 用电量 + 服务价 × 用电量 + 电池租金 × 配置电量

1. 一次性投入

一次性投入方面，换电模式将通过车电分离模式为用户降低首次购置成本，具有较大吸引力。车载换电通常会在整车价格中增加 1 万～2 万元，这个费用基本上已经包括在车辆的售价中。在商用车领域，更高的电池能量使得电池价格更贵，换电模式通过车电分离的商业模式有效降低了初次购车成本，有助于电动商用车的市场化推广。重型换电重卡电池容量通常为 280～300 千瓦·时，在部分场景下有 450 千瓦·时以上电池容量的试点。通过车电分离模式，免除电池购置成本，电动重卡的初始购置成本可以与传统柴油重卡相媲美，甚至低于传统柴油重卡。这对于商用车的经济性有着重大意义。

2. 使用费用

换电费用方面，各地区、各场景存在着差异较大的换电费用标准，而且计费方式也各不相同。私人乘用车领域，通常按照换电服务次数收费。如蔚来电动汽车的标准续航电池包升级至长续航电池包的基准价格为 50 元 / 天，一个月封顶费用为 880 元，这一标准于 2023 年 8 月 1 日正式实施。蔚来汽车表示，新标准下，单次换电费用与蔚来超级充电模式费用几乎持平，但用户体验却远远超过超级充电。

在运营车辆领域，通常有两种计费方式，分别是基于里程计费和基于使用量计费。目前，许多运营车辆采用基于里程的计费方式，但存在一些问题，例如出租车可能滥用空调等情况。价格通常参照当地天然气出租车的价格制定，如吉林省长春市、安徽省出租车换电价格为 0.3 元 / 公里，山东省出租车换电价格为 0.33 元 / 公里。此外，在运营乘用车还可以考虑探索基于使用量的计费方式，但尚未获得消费者的认可和共识。但对于那些可以充电和放电的出租车，这两种计费方式都可能存在一些弊端。总之，车端换电模式在不同领域的经济性影响因地区和车型而异，需要综合考虑多种因素以确定最佳模式。

重卡换电运营费用方面，目前计费方式也较为多元，有固定报价方案、套餐方案等。不同的套餐方案通常为月固定租金 + 超额度电，如某重卡换电运营服务，月度基础租金为 6000 ～ 13000 元，月度上线用电量为 15000 ～ 46000 千瓦·时，超额部分度电价格为 0.40 元 / 千瓦·时。考虑到换电重卡购置费用与柴油重卡接近，运营费需要考虑低于柴油价格。基于五年期重卡吨公里成本进行分析，短倒运输（＜ 200 公里）场景下，换电车辆（度电模式）具有最低的吨公里成本；干线运输（＞ 500 公里）场景，换电车辆吨公里成本低于柴油车，月租模式更具竞争力，随着日运距增加，与柴油车成本差距进一步增大。

3.3.2　站端

以重卡换电站为例说明换电站成本构成，经济性模型构成，如图 3-4 所示。

初始总投资中

站初始投资 = 电力增容 + 充电设施 + 换电设备 + 备用电池

年度运行支出主要考虑

运行支出 = 维修费用 + 场地租金 + 电费

站端年度运行收益包括

收益 = 电池租金 + 服务费 + 电费

初始总投资：站初始投资=充电桩+电力增容+换电设备
　　　　　　+备用电池
　充电桩：充电桩=充电桩单价×数量
　电力增容：电力增容=电力增容×充电功率×个数
　换电设备：换电设备=换电设备单价×换电设备数量
　备用电池：备用电池=电池单价×电量配置×备用电池数量

年运行收益：
　电池租金：租金=租金单价×时间
　服务费：服务费=服务费单价×使用电量
　电费：电费=电费单价×使用电量

年运行支出：运行支出=维修费用+场地租金+电费
　维修：维修费用=维修比例×（充电设备投资+
　　　　换电设备投资）
　场地租金：场地租金=租金单价×面积
　电费：电费=电费单价×（充电电量+设备电量+
　　　　换电电量）

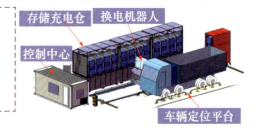

图 3-4　换电站成本计算模型

换电站的成本占比示意图如图 3-5 所示，其中，换电站核心设备中换电设备占比最高，约为 50%，充电设备在成本构成

中约为 20%，其他系统等约占成本 15%，外壳和集装约占成本
15%。从固定资产投资来看，换电站投资主要集中于换电站设
备、线路投资、电池投资三大方面。目前，乘用车换电站单站
投资额约 500 万、重卡车换电站单站投资额约 1015 万，其中换
电站设备占总投资比率的 41%~52%，其次，为初期备用电池投
资占比 28%~35%，最后为线路及其他投资占比 20%~23%。

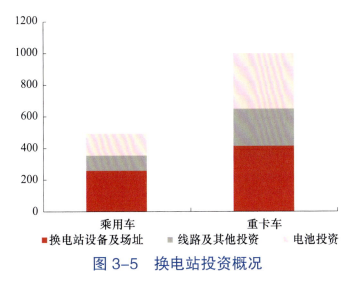

图 3-5　换电站投资概况

来源：协鑫能科公司公告、东方证券研究所。

换电业务有着显著的规模效应，即换电服务的单位成本会
随着换电站利用率的提高而下降。私人乘用车换电站盈亏平衡
点对应 20% 左右的利用率，随着利用率提升，盈利能力跃升。
但同时，换电站的盈利也受到补能里程间隔的影响。如图 3-6
所示，站利用率在 43% 左右为快充和快换经济性的分界；换电
模式更适合于站利用率高、平均车辆运行速度较高的场景。随

着电池性能提升，2025、2030 年换电模式最优区域扩大，临界利用率降低[5]。

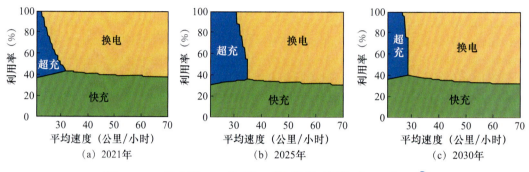

图 3-6　不同运行条件下最优补能模式区域图 ❶

3.3.3　电池端

目前，单站投入电池数量存在显著差异，考虑到电池单个模块成本并不低，因此，备用电池数量将显著影响换电后提供服务的利润。备用电池估算的方法主要考虑换电效率及换电站内补能效率。以运营车辆换电站为例，通常比例为 1 座换电站服务 50 辆出租车、额外附加 24 个周转电池包。上安易行通过换电电池及换电站增加液冷功能后，电池在换电站充电舱内最大充电倍率由 0.5C 提升至 1.2C，充电速度大幅提升；同时基于电池充电策略测算，电池 SOC 由 30% 充至 96%（多地运营数据分析日常换电电池充电电量），迭代后的换电电池包仅需 42.4 分

❶ Zhu F, Li L, Li Y, Li K, Lu L, Han X, et al. Does the battery swapping energy supply mode have better economic potential for electric heavy-duty trucks? eTransportation 2022:100215. https://doi.org/10.1016/j.etran.2022.100215.

钟，按照目前运营车型单次换电 5 分钟（含换电、付款、停车等动作），即换电 9 次为 1 个电池充电循环（换下来的电池已达到 96% SOC 值），即可判断 9 块电池可满足换电站使用需求。换电电池技术提升换电电池循环效率如图 3-7 所示。

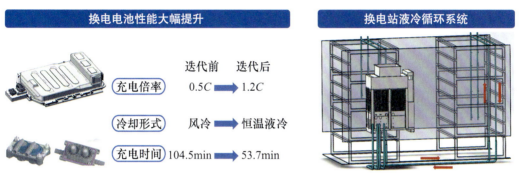

图 3-7　换电电池技术提升换电电池循环效率

商用车单通道备用电池数量同样考虑换电效率及补能效率，单通道备用电池数量通常为 7 块服务 50 辆电动重卡。

从经济性角度而言，乘用车中，目前私人乘用车仅依靠换电服务难以实现盈利，以蔚来为代表的企业通常将换电服务纳入消费者生态的一部分。运营车辆中，部分城市已经能够通过换电站的运营服务盈利，但这种盈利依靠严格的经济测算与对出租车运营里程、换电站利用率的约束，尚未形成稳定可靠的收入模式。在部分城市，由于气候因素、基础设施布局等因素导致换电站利用率低时，尚未实现盈利。这为换电站长期发展带来了持续性的隐忧。不过，换电能够在全生命周期角度延长电池寿命，有望进一步改善换电的经济性。

3.3.4　站网 & 车网互动经济性

换电站通过站网 & 车网互动，不仅可以帮助电网调峰、调频，更能充分利用分时电价、为用户获得实惠。一方面，换电站可以通过利用电价峰谷价差实现充放电调控，实现电化学储能，从而带来收益；另一方面，换电站参与调频，通过功率补偿、容量补偿机制实现盈利。

3.3.5　用户侧经济性

从用户的角度来看，换电模式对经济性的影响主要体现在提升运营效率方面。

节省时间成本：用户在使用换电服务时无须等待充电，只需将电池更换即可继续行驶，省去了等待充电的时间成本。特别是对于需要长时间充电的电动车型，换电模式可以显著提高车辆的可用性和行驶效率。

增强服务体验：换电站通常配备有专业的服务人员，用户在使用换电服务时可以享受到更加便捷、快速、高效的服务体验。而且换电站通常也提供其他周边服务，如洗车、保养等，为用户提供一站式的汽车服务，提升了用户的整体体验。

3.3.6　整体分析

技术、经济、市场等多因素密切耦合影响换电产业的发展。为了更清晰地反映不同因素间的耦合关系，及对换电经济性的影响，通过拓扑图进行说明。其中，换电设备精确性、换电服务效率与充电效率提升将促进换电站利用率的提升，从而促进换电产业盈利的改善与产业发展；电池能量密度的提升、充电效率的提升将通过降低备用电池数量的需求促进换电产业的发展。存在耦合关系的换电经济、技术因素耦合性分析如图 3-8 所示。

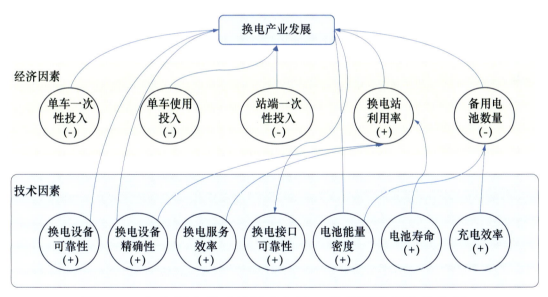

图 3-8　存在耦合关系的换电经济、技术因素耦合性分析

注　+ 意为参数增加将促进换电产业发展。

　　– 意为参数降低将促进换电产业发展。

3.4   市场结构与竞争环境

3.4.1   充电技术路线

电动汽车主要的补能形式有两种，分别是充电和换电（见图 3-9），对于应用场景，"宜换则换，宜充则充"；对于技术发展，两者互有促进；对于市场份额，则在现阶段存在一定竞争。充换电基础设施为电动汽车运行提供能量补给，是电动汽车的重要基础支撑系统，也是电动汽车商业化、产业化过程中的重要组成环节。

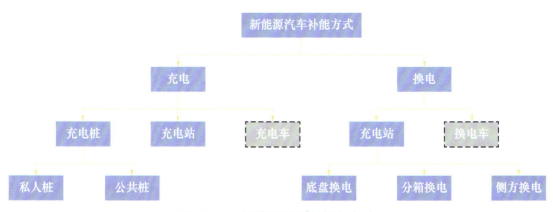

图 3-9   新能源汽车补能方式

传导式充电中，根据充电电流的大小以及充电方式的不同，可进一步划分为交流充电和直流充电；直流快充由于能够大幅度提升补能效率，近期迅速发展。两者的优缺点如表 3-1 所示。充电桩内置功率转换模块，将交流电转换为直流电直接输入车内电池组，无须通过车载充电机进行转换，大幅度提升补能效率。推动新能源汽车发展更进一步。快充指的是能在短时间内使蓄电池达到或接近完全充电状态的一种充电方法。充电倍率是充电快慢的一种量度，指电池在规定的时间充电至其额定容量时所需要的电流值。一般意义上，超过 1C 的充电倍率即认为是快充。

表 3-1　　　　　　　　　　　　交流慢充与直流快充对比

充电方式 简介及优缺点	交流慢充	直流快充
简介	车辆自带的便携式充电器接入家用电源或充电桩后，需经由车载充电机将交流电转换为直流电方可进行充电，输出功率大约在 3.3 ~ 20 千瓦	直流充电桩内置功率转换模块，将交流电转换为直流电直接输入车内电池组，无须通过车载充电机进行转换
优点	充电桩成本低、安装方便，不依赖充电桩或共用充电网络，并且能利用电网晚间的低谷电，降低充电成本	充电时间短，一般充电电流为 150 ~ 400 安，充电时间约为 20 分钟 ~ 2 小时
缺点	充电时间较长，目前大部分电动汽车的续航里程超 400 公里，充电时间均在 8 小时左右	充电机制造、安装和工作成本较高；充电电流大，对充电的技术和方法要求高，对动力电池的寿命有负面影响；且大电流充电会对公用电网产生冲击，会影响电网的供电质量和安全

提高充电功率可以通过提升电压和电流两种方式来实现。高电压以保时捷等为代表，2019 年保时捷的 Taycan 全球首次推出 800V 高电压电气架构，搭载 800V 直流快充系统并支持 350 千瓦 大功率快充。高压快充作为实现快充的方式之一，受到越来越多主机厂的青睐。2022 年作为 800V 高压快充元年，各家主

机厂纷纷布局。目前特斯拉、奥迪、起亚等海外车企和比亚迪、上汽、蔚来等国内车企相继推出了搭载快充技术的电动化平台方案。目前，国内外 800V 平台企业发展情况如图 3-10 所示。

图 3-10　多款车型搭载高压快充平台

（数据来源：Newsroom，搜狐新闻，汽车之家，新出行，小鹏汽车等，国泰君安证券研究）

　　快充及超级快充技术的发展在电动汽车行业中表现出强大的竞争力，这也对换电模式带来潜在竞争挑战。随着快充技术的不断发展，电动汽车的充电速度显著提高。现在，许多电动车可以在相对较短的时间内获得足够的电力，使其能够行驶更长的距离。这种提高的充电速度使得充电更为便捷。同时，目前充电桩已经在基础设施布局方面进一步加速，充电站的普及也减轻了电动汽车用户对换电站的需求。因此，必须通过提升换电生态价值反哺用户。

不过，随着电动汽车数量的迅速增加，短时间内大量电动车同时使用快充也将为电网带来负担，具有电网安全稳定性风险。因此，快充/超充不可能成为电动汽车补能的唯一模式。现阶段高压快充在增加充电桩电压和车载电压时，也会对电池产生一定的影响，还有亟待突破的关键问题。此外，经济性方面，超充的成本现阶段还居高不下，还没有实现广泛产业化。

充电与换电不是单一的竞争关系，充电技术的发展同样对换电产业发展具有一定促进作用。快充技术的发展减少了电动汽车在站内的停留时间。这意味着换电站可以为更多车辆提供服务，从而提高了站点的利用率，减少了备用电池的需求数量。这进一步提升了换电站的经济性，降低了运营成本。最重要的是，充电技术和换电技术之间的相互补充作用可以为用户提供更多便利和选择。用户可以根据自身需求和出行方式选择充电或换电，这有助于提高电动汽车的可用性，推动更多人使用电动交通工具。因此，充电产业的发展既是换电产业的竞争对手，又可以与其相辅相成，共同促进电动交通的可持续发展。它提高了换电站的经济性，提供了更多的服务选择，并为用户和产业的发展带来了更多机会。

3.4.2 换电站建设

与充电站相比，换电站对充电车位的需求较小，因此整体占地面积较小。然而，换电站的选址仍然具有一些独特的挑战和需求。同时，这些站点也需要在城市和城区进行选址，而选址受到地方政府对换电站建设的支持程度以及其他因素的影响。

对于乘用车辆的换电站来说，选址通常需要考虑到城区的交通便利性，并且必须在城市中选取合适的、可长期稳定使用的地点；这会受到各地政府对换电站建设的政策支持程度的影响。因此，政府在这方面的支持政策和地方规划对于乘用车辆的换电站选址至关重要。而对于商用车辆的换电站，通常需要更加接近换电车辆的使用场景，以确保商用车辆可以在运输过程中方便地进行电池更换。因此，商用车辆的换电站选址更加注重电力服务基础设施的便利性。

需要指出的是，目前缺少换电站场地常常成为换电站建设的瓶颈。因此，政府在政策层面需要提供更大力度的支持，以促进换电站建设，并解决选址问题。此外，与充电站不同，换电站通常需要更多的电力容量，这也需要在基础设施建设方面提供相应的支持和规划。最终，政策制定者和行业参与者需要共同努力，以确保换电站的有效建设和推广，以满足不同类型电动车的需求。

3.4.3 商业模式

目前，换电产业链中主要的商业模式为车电分离。这一模式具有多方面的优势。首先，它降低了电动汽车的初投资成本，因为电池可以选择购买或租赁，从而减轻了用户的经济负担。其次，车电分离模式提高了电动汽车的灵活性，用户可以随时更换电池，无须等待充电，从而减少了停车时间，特别是对于商用车辆和出租车来说，这一点尤其重要。此外，电池的维护通常由服务提供商负责，用户不必担心电池维护和更换的问题。目前，电池全生命周期管理已逐步形成电池银行模式，如图 3-11 所示。换电电池作为公共资产，具有基建属性。需要政

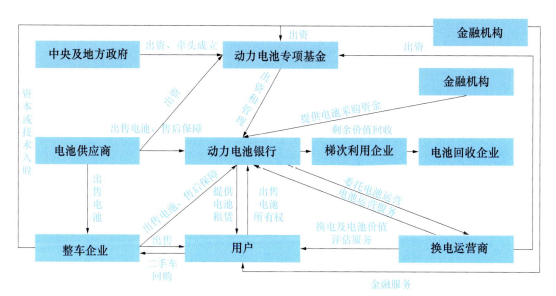

图 3-11 "电池银行"业务模式架构❶

---

❶ 沙利文.换电行业的创新与协同——中国换电行业发展白皮书.弗若斯特沙利文（北京）咨询有限公司；2023.

府引导基金主导，统筹多方资源，兼顾各方利益。

在下一个发展阶段，车电分离的趋势将进一步扩展，不同品牌和不同容量的电池互换将成为一个重要的方向。这将提高电动车用户的便利性和选择性，使他们能够更好地满足自己的需求。例如，目前蔚来汽车可参与换电的电池包产品体系包括：①标准续航电池包（75千瓦·时三元铁锂电池包）；②长续航电池包（100千瓦·时三元锂电池包）；③固态电池包（150千瓦·时固态电池包）。不同容量的电池包便于消费者选择不同的电池容量满足多样化的出行需求。

除了车电分离，换电产业链目前还面临着经济性不足的挑战。然而，通过技术创新和商业模式的创新，可以实现潜在的经济收益。例如，换电站的重要发展趋势还包括综合能源站的建设，如"光储充换"一体化能源站建设等。这些综合服务站不仅提供充电和换电功能，还与整车体验中心结合在一起，兼容不同容量的电池，例如可以提供400、500、600公里续航里程的电池。这种结合将为用户提供更全面的能源解决方案。同时，原本的4S店也发生了服务属性的变化，从过去的销售和维修中心转变为体验中心、交付中心和服务中心，面向公众提供多次服务，进一步推动整个生态系统的发展。这些变化将为用户提供更便捷、全面的汽车服务体验。

此外，还可以在换电站内部部署储能系统，加强车网&站网互动，以平衡电力需求和供应。这将提高电力系统的稳定性，减少电力峰值负荷，降低能源成本。换电站与光伏可再生能源发电等结合，将具有更强的能源属性。

推进电池梯次利用模式，并推动标准化电池互通互换，电池的梯次利用意味着在电池寿命结束后，将其用于其他应用，如储能系统。将延长电池的生命周期，降低成本，减少资源浪费。

实现补能场景的全自动化将提高用户体验，特别是对于商用车辆。此外，与无人驾驶技术结合，可以进一步提高效率和便利性。

3.4.4　标准建设

标准化一直是制约换电发展的关键难题，具体包括换电技术方案、电池包等，对于电动车换电行业现阶段的发展至关重要。标准化有助于提高系统互操作性，确保不同制造商的电池和换电设备可以兼容和互换。这为用户提供了更大的选择自由，增加了换电模式的可用性。其次，标准化降低了技术部署和维护成本，为换电站的建设和运营提供了更大的效益。最后，标准化也有助于确保换电系统的安全性和可靠性，因为标准可以涵盖安全规范和测试标准。缺乏标准化会导致换电产业的碎片化，降低行业整体效率。这可能导致不同地区或企业采用不同的技术和规格，造成不兼容性，限制了电动汽车的流动性和使用范围。此外，标准化还有助于降低市场准入门槛，促进竞争，为新企业进入市场提供更多机会，推动产业创新和发展。

　　虽然国内换电标准修订已明显提速，但是换电标准化的核心需要车企与换电运营商之间、车企与车企之间、换电运营商之间达成妥协。不同的利益相关方往往持有不同的技术偏好，这使得达成共识和协调变得更加困难。车企和换电运营商可能追求自身的利益，难以就技术和标准达成一致。不同地方标准、团体标准选择的技术路径不同，存在硬件接口尺寸和通信协议之间无法共享互换的情况。

第 4 章
换电产业发展空间预测与路径

4.1 关键因素对换电产业发展的影响

4.1.1 换电产业发展的关键因素分析说明

本书将前述影响换电产业发展的关键因素分为两大类，准入壁垒因素与份额竞争因素。准入壁垒因素指决定换电产业是否适合进入该场景的因素；份额竞争因素指换电产业进入某一场景的发展空间，决定了换电在该场景的潜在市场份额。

在本章中将分别针对不同应用场景下的准入壁垒因素与份额竞争因素进行评估，主要采用定性与定量结合的方法对不同场景展开分析。定性研究方面，主要依据研究组实地调研、问卷调研、专家访谈等形式予以确定；定量研究方面，综合运用离散选择模型（Discrete Choice Model）、敏感性分析、技术就绪度（Technology Readiness Level，TRL）评价方法等进行半定量评价。

4.1.2　乘用车分析

1. 乘用车准入壁垒因素

私人乘用车换电的关键准入壁垒因素是消费者的用户体验。目前换电技术成熟度、充电基础设施也处于高速发展阶段，对于私人乘用车而言，消费者换电体验就尤为重要，例如，蔚来等定位于中高端电动汽车的企业能够为消费者提供更好的换电体验，短期内能够为消费者带来无忧补能的解决方案，长期来看，能够结合自动驾驶、无人驾驶等技术，为高端电动汽车的车主带来更加良好、更加具有科技感的补能体验，将成为私人乘用车场景下车企与换电服务商进入该市场的准入壁垒因素。

对于出租车等运营场景而言，现阶段影响换电产业的准入壁垒因素是全产业链盈利性。影响全产业链盈利性的因素具体包括全气候条件下的换电效率与换电站利用率、车辆—换电站综合经济性、光储充换等新兴技术与商业模式等。现阶段，通过对标天然气价格，在部分城市换电已经能具有比较好的运营收入和用户体验，但是在部分城市由于换电站建设不足，出租车换电排队等候时间长，而影响了出租车用户体验与运营收入。同时，目前换电站的运营投资相对较高，站端运营收入不够稳定；商业模式上电池银行方式未得到广泛普及，对于部分民营企业吸纳优质资本的难度高，这对全产业链各个环节的盈利可能是具有较大打击的。

2. 乘用车份额竞争因素

影响换电行业发展的因素较多，除了上述提到的准入壁垒因素随着时间变化将会进一步影响市场份额，技术、组织和市场结构竞争环境均是影响换电产业在乘用车不同场景中适用性的高敏感性因素。

对私人乘用车而言，基于用户体验优先的原则，影响消费者换电效率、经济性的因素将具有较大影响。换电设备安全可靠、换电服务费用都对消费者的用户体验有较大的影响；同时，换电站利用率、换电站场地获取难易程度均会通过影响服务商换电站布局密度等而影响消费者用户体验，因此，也是较高的影响因素。从换电产业长期发展角度看，快充基础设施加快布局，特别是350、480千瓦超充的进一步发展，充电补能的方式与私人乘用车用户适用场景匹配度更高。换电对私人乘用车的应用将进一步向追求高端车型、追求较好用户体验的消费者集中，因此也将更加侧重于用户体验。

对于运营车辆而言，运营的经济性将会更加显著地影响到换电在电动出租车市场的渗透率。除此之外，梯次利用、光储充换、站网互动等由于出租车的用电量更大，也将具有对经济性更加显著的潜在影响。但是目前，受到政策、技术成熟度、供需平衡等多方面的因素影响，上述新型的商业模式和技术创新尚未完全发挥其对于换电发展的促进作用。需要注意的是，考虑到东北地区冬季气温过低，例如吉林省长春市电动出租车运营过程中所体现出的冬季气温过低导致的换电排队等待时间长、换电站电池充电时间长，甚至换电电池卡扣结冰难以更换等问题，将会极大地影响换电模式在相应地区的推广应用，即气候因素将会影响换电模式的推广应用。运营车辆主要的运营范围在市区，因此，在市区范围内选取换电站的地址完成电力增容、换电站建设对于出租车能否在市场中全面应用也将具有显著的影响。

4.1.3　商用车分析

1. 商用车准入壁垒因素

对于商用车的分析在本节中按照重卡、中轻卡的分类进行，并将重卡划分为短倒重卡、干线运输重卡两类。在重型车辆中，目前换电模式已经在短倒重卡和短途干线运输场景发展迅速，影响准入壁垒的关键因素主要在于换电模式在相关场景的经济性已经得到验证；影响换电重卡进一步在长途干线场景进一步突破的关键壁垒因素在于进一步延长换电车辆的单次换电行驶里程。具体而言，瓶颈在于换电车辆在综合考虑换电站建站距离的前提下如何平衡电池容量与车辆载重。当车辆装载的电池过多的时候，很容易导致车辆载重下降，而使得换电车辆经济性下降。

在中型和轻型商用车中，物流运输是目前值得关注的换电模式场景，城市物流车辆，目前也处于电动化的快速发展时期，但换电模式能否进入相关场景取决于换电的经济性与基础设施建设的可行性。换电模式在中型和轻型商用车中，特别是城市物流运输领域，具有潜在的优势，可以提高电动车的可用性和便利性。但是换电本身需要相应的基础设施支持，包括换电站的建设与维护。考虑到城市物流的运行范围，其换电站需要在城市内或近郊设置，因此，要想推广换电模式，必须评估基础设施建设或与乘用车换电站混合并用的可行性，包括成本、地点选择和可用性等因素。

2. 商用车份额竞争因素

主要影响商用车换电的场景适用性因素均包含技术、组织和市场结构与竞争环境各方面的因素，因此，影响换电模式发展的因素较为复杂。由于我国零碳商用车发展路径尚未完全确定，涉及电动商用车、燃料电池商用车、零碳内燃机等不同技术路径的竞争。

对于重型商用车，短倒重卡目前已经初步具有经济性，影响短倒重卡换电市场份额的关键因素在于能否进一步提升短倒场景下换电的经济性。短倒重卡的经济性以吨公里成本为指标，客户特点主要包括重载运输、绿通及散杂运输，以散户为主；站台煤以车队客户为主。同时，换电站侧的站利用率提升、降低单个换电设备费用，在利润率保持一定的前提下可以进一步降低换电服务费用，同样可以降低短倒重卡用户的吨公里成本。

干线运输场景下，对于部分短途干线运输，目前已经可以实现经济运营，但是长途干线尚未实现。目前换电重卡正处于从300公里到500公里的突破关键时期。换电模式能否在干线场景实现突破的关键在于从技术可行性上突破重卡纯电续驶里程的门槛，从经济性上突破车—站综合经济性。重卡纯电续驶里程目前在主流车型上还局限在300公里以下，对于单程运距1000公里以上的长途干线运输也就意味着每日换电3~4次，从使用便利性、基础设施布局可行性上都存在一定问题。提升纯电续驶里程一方面依赖于整车能耗技术的改进，通过正向研发降低整车能耗，在不改变电池能量的基础上促进换电车辆续驶里程的提升；另一方面依赖于提升电池能量密度，在不影响重卡载重量的前提下电池材料体系的革新将大幅度增加电池能量密度。电池技术的发展水平将影响换电车辆装载的电池数量、换电站补能效率、电池资产全生命周期管理，以及充换电技术的对比。此外，干线运输换电站布局难度大，资金投入成本高，单一企业负担压力大。如果能通过创新金融模式等引入优质资产，将会加速推进换电产业发展进程。

值得注意的是，考虑到电动化路径在干线运输并未完全确定，换电重卡在发展过程中还需要关注氢燃料电池重卡的发展趋势。氢燃料电池卡车在长途运输领域表现出色。它们拥有较长的续航里程，适用于需要高续航能力的跨国运输和高负荷运输。氢燃料电池卡车的优势在于快速加氢，这提高了运输效率。不过目前燃料电池重卡的主要挑战在于氢能基础设施的不成熟、高氢气成本、运输建站难度大要求高，以及燃料电池系统的高成本。

对于轻、中型商用车，目前纯电车辆经济性尚未得到实际验证，换电模式在相应场景突破的关键在于经济性与基础设施的可行性。相应地，影响城市物流场景份额的关键因素也就包括换电服务费用，以及影响换电服务费用的换电站利用率、电费等。考虑到相应场景换电站利用率可能不会非常高，站网互动、光储充换等新型模式将有助于进一步提升换电站功能性，并降低换电综合费用，具有进一步挖掘潜力。特别是为其单独设立换电站的应用频率等可能并不能达到预期，但是如果能够通过与乘用车中的运营车辆进行电池包的共享等，可能会进一步提升该市场的换电技术推广的可行性。

4.1.4 其他换电车辆（矿用车辆）分析

露天矿作业属于封闭环境内的限定运输场景。露天开采的实质就是大量矿岩的移运过程，将土岩运至排土场，将矿石运至地面生产系统，属于点对点的运输，车辆运行速度较低，且运输线路基本固定，作业场景单一、封闭，交通状况相对简单，交通参与元素的数量和种类均较少。

非公路矿用卡车的运输主要有如下特点：①运距短。50%以上不超过5公里，远低于重卡运输；②运输道路呈现坡度规律性循环变化，多以重载上坡、空载下坡的形式为主；③追求高运输效率和高运输量，矿区土方作业工程量巨大，要求矿用装备尽可能连续作业；④追求高可靠性和耐久性，矿卡的重要总成大修会影响矿山生产效率，且增加矿山运营成本。

1. 其他换电车辆准入壁垒因素

对于矿用车辆，影响换电进入市场的主要因素是技术成熟度和矿山生产运营的效率和成本。这是由于在矿山运输场景下，矿用卡车的电动化率目前还较低，根据对同力重工、三一重装等相关制造企业的调研，2025年电动矿用卡车的渗透率预计将达到25%。矿用卡车换电模式的应用仍然滞后于其电动化技术发展，在国内矿山仅少数矿卡换电站投入试运行。针对矿山高寒恶劣气候和复杂工况，矿卡不同吨位的车型特点，以及国内不同矿山的特殊性，矿卡换电站建设需具有极强的场景适应性。另一方面，运营成本和生产效率是换电在矿山运输中大规模落地的首要影响因素。换电站建设的投入和维护成本，以及换电模式对于矿山全天候运输效率的影响将成为换电进入该场景的主要制约因素。

2. 其他换电车辆份额竞争因素

矿用车辆换电的场景适用性的份额竞争因素主要是技术因素和矿山生产运营的效率和成本，而充电和换电模式对于矿卡运输效率提升的差异性对于份额竞争起到关键性作用。

国内现有纯电动矿卡电能补充仍以车载充电方式为主。根据国内普遍矿用车辆 24 小时运营的需要，车载充电方式耗费的充电时间占工作时间的比例较大，严重影响矿车运营的效率。充电矿卡适用于用车数量少、分时段作业且单边运距较短的场景。充电卡车主要特点有：充电缓慢，充电时长约 1.5 小时；运营低效，充电占用运营时间，限制车辆实动率；无法满足长距离往返运输需要。换电矿卡适用于用车数量多、全天候运营的大规模矿山运输场景，移动式换电站的建设可以更好地满足开采面动态变化的生产需求。与充电矿卡相比，换电矿卡是充电矿卡的颠覆性产品和商业模式，具有高效、降本、灵活、安全、集约等优点。换电矿卡与充电矿卡相比具有以下优点：换电便捷，3 ~ 5 分钟便可完成一次换电作业；性能稳定，车辆均经过高强度测试，加速、爬坡性能可靠稳定；换电站选址灵活，换电站选址可设在运输主干道道路旁，换电无须绕路，缩短运距；占地集约，避免车辆长时间充电占用土地，提高土地利用率；

安全可控，统一在换电站内充换电，充电集中管理。

各类换电车型关键因素对场景适用性影响的评价分析如表4-1所示。

表 4-1　　　　各类换电车型关键因素对场景适用性影响的评价分析

	题目\选项	私人乘用车	出租网约车	中重卡短途	中重卡干线	轻微卡	矿卡
技术因素	车端换电设备轻量化	★★☆	★★★	★★★☆	★★★★	★★★☆	★★★
	换电设备：接口可靠性	★★★★	★★★★	★★★★☆	★★★★☆	★★★★	★★★★
	换电设备：单车换电所需时长	★★☆	★★★★	★★★★	★★★☆	★★★☆	★★★☆
	电池：能量密度	★★★★	★★★☆	★★★☆	★★★★	★★★☆	★★★☆
	电池：电池寿命	★★★	★★★★	★★★★	★★★★	★★★★	★★★★
	兆瓦级快充技术	★★★	★★★	★★★☆	★★★	★★★	★★★
	换电对电网的容量需求	★★☆	★★★	★★★☆	★★★☆	★★★	★★★☆
	换电设备安全性	★★★★☆	★★★★	★★★★	★★★★	★★★★	★★★★
	换电车辆、站端热管理技术	★★★★	★★★★	★★★★	★★★★	★★★☆	★★★★
	换电站网互动、车网互动技术	★★★☆	★★★☆	★★★	★★★☆	★★★	★★★
经济因素	换电站利用率	★★★☆	★★★★	★★★★☆	★★★★☆	★★★★	★★★★☆
	换电设备费用	★★★☆	★★★★	★★★★	★★★★	★★★★	★★★★
	换电服务费用	★★★☆	★★★★	★★★★	★★★★☆	★★★★	★★★★
	电费	★★★☆	★★★★	★★★★	★★★★	★★★★	★★★★

续表

市场结构与竞争环境	题目\选项	私人乘用车	出租网约车	中重卡短途	中重卡干线	轻微卡	矿卡
	快充基础设施加快布局	★★★★	★★★★	★★★	★★★☆	★★★☆	★★★
	换电站场地获取难易程度	★★★☆	★★★★	★★★☆	★★★☆	★★★☆	★★☆
	场景是否需要加强标准化建设	★★★☆	★★★★	★★★	★★★☆	★★★☆	★★★
	电池标准化对该场景的影响	★★★☆	★★★★	★★★☆	★★★★	★★★☆	★★★
	接口标准化对该场景的影响	★★★★	★★★★	★★★★	★★★★	★★★☆	★★★
	电池银行等创新金融模式	★★★	★★★★	★★★★	★★★★	★★★★	★★★☆
	光储充换综合性能源站	★★★	★★★	★★★	★★★	★★★	★★★
	发展无人值守换电站	★★★	★★★	★★★☆	★★★☆	★★★	★★★
加权平均	小计	★★★☆	★★★☆	★★★☆	★★★★	★★★☆	★★★☆

▶ 4.2　换电市场发展空间预测

4.2.1　乘用车发展空间预测

在乘用车中，运营车辆中换电业务将具有快速扩张的潜力。根据交通运输部数据，2016—2021 年我国巡游出租车保有量稳定在 140 万辆左右，巡游出租汽车相比私人乘用车，具有行驶里程长、使用强度高等运营特点。为保障道路交通安全，国家出台《机动车强制报废标准规定》（商务部、国家发展和改革委员会、公安部、生态环境保令 2012 年第 12 号），明确小、微型出租客运汽车使用年限为 8 年，即出租车每年替换需求约 17.5 万辆。截至 2022 年年底，国内已有 200 万辆以上网约车。根据八部委在全国范围内启动公共领域车辆全面电动化先行区试点工作的要求，至 2025 年在试点城市出租车辆（包括巡游出租和网络预约出租汽车）的电动化率有望达到 80% 以上。截至 2022 年年底，国内出租车保有量约 140 万辆，网约车保有量约 210 万辆。两类运营车的运营年限都为 8 年，按照 6～8 年更换车辆保守估算，每年更替需求 43.8 万～58.3 万辆。换电在出租车和网约车领域的推行很大程度上能够缓解司机补能焦虑，增加实际运营时间，为司机提供较好的体验和收益，成长确定性较高。截至 2021 年，换电网约车总保有量约 9 万辆、换电出租车约 8 万辆。综合研判，2025 年在试点城市出租（包括巡游出租和网络预约出租汽车）车辆的电动化率有望达到 80%，换电出租车有望达到 60% 以上；但与此同时，非换电试点城市出租车的充换电技术路线的选择将在很大程度上取决于城市基础设施（充电站、换电站）规划和政府支持力度，在路线上存在不确定性。乐观预期 2025 年换电出租车保有量达到 20 万辆，2030 年换电出租车保有量达到 70 万～75 万辆，市场份额超过电动车的 50%。

　　私人乘用车中，短期内换电模式将在中高端车型中显著提升消费者用户体验，但中长期发展需要全局统筹充电基础设施的发展布局。在这一领域中先行者蔚来，吉利、上汽快速跟进。截至 2023 年 1 月底，国家监管平台累计接入换电车辆 29.7 万辆。其中乘用车 28.5 万辆，占比 89.9%，换电私人乘用车累计 15.6 万辆，占 55% 乘用车份额，主要为蔚来汽车用户。2023 年换电车辆约占新能源汽车保有量的 1.5%。吉利在 2021 年 12 月通过整合力帆科技，成立新的合资公司"睿蓝汽车"，通过引入吉利现有产品线，发展重点将聚焦换电产品和换电服务的落地。上汽在 2022 年 9 月和 2023 年 3 月分别发布了飞凡 R7 和 F7，全系车型支持换电。随着国内头部主机厂加入换电阵营，换电车型日益增加。预计 2025 年私人乘用车中换电车辆的保有量达到 150 万辆以上，如果按届时新能源汽车保有量达到 7700 万辆估算，约占新能源乘用车保有量的 2%。

4.2.2　商用车发展空间预测

在商用车方面，换电重卡的商业模式经历了市场考验，经济性可与传统燃油车竞争。2022 年换电重卡已占新能源重卡 50% 份额，是新能源重卡主要技术方向。预期 2025 年换电重卡年销量可达到 10 万辆以上，2030 年这一数字进一步上升至 30 万辆以上。包括启源芯动力、宁普时代电池科技有限公司、阳光茗岛能源科技有限公司、上海玖行能源科技有限公司等已在重卡换电领域积极布局。随着采用全新正向设计、底部换电技术、能量密度更高的重卡车型陆续上市，以及重卡换电站覆盖密度提升，换电重卡有望向 500 公里以上的中长途干线物流加速渗透。

依据不同续航里程和应用场景分类，基于离散选择模型预测，53.0% 的重卡应用在 500 公里里程以下的短途运输；22.7% 的重卡应用在 500~1000 公里的中长途干线运输；24.3% 的重卡应用在 1000 公里以上的长途运输。根据中国汽车工业协会、公安部、中国电动汽车百人会、新能源汽车国家大数据联盟、第一电动车网等关于重卡销量和预测的最新权威数据，对换电产业链主要环节市场空间进行了测算，至 2025/2030 年，国内换电重卡销量有望分别达到 10.37 万 /35.52 万辆。国内换电重卡销量预测如图 4-1 所示。

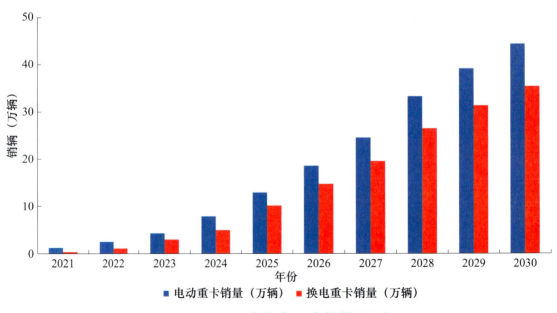

图 4-1　国内换电重卡销量预测

［数据来源：EVTank、中国电动汽车百人会（2023）、第一商用车网、开源证券研究所］

综合考虑重卡市场的应用潜力，基于 DC-MEGT 分析，综合考虑换电重卡的成本、基础设施发展建设、减碳潜力与政策支持力度，换电重卡在重型商用车中市场份额预测将于 2030 年达到 5%，2050 年达到 10%。尽管在重型商用车市场整体占比不高，但是在短途牵引等特定场景，换电模式有望达到更高的占比，如图 4-2 所示，短途牵引场景中，换电模式在 2025 年有望达到近 30%，并长期保持相对稳定，预期长期到 2050 年将上升到约 40%。

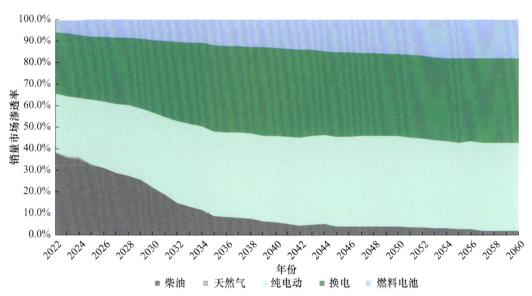

图 4-2　重型短途牵引市场中换电市场渗透率预测

4.2.3　其他换电车辆发展空间预测

目前，非公路矿用宽体车的市场保有率大约为 10 万辆，随着国家智慧矿山建设推进，电动矿用车辆的应用势在必行，既有政策支持又有显而易见的经济效益，电动矿用宽体车的渗透率预计在 2025 年将达到 25%。伴随着电动矿用车辆的规模化应用，换电矿卡的市场份额有望达到电动矿卡占有率的 50%。尤其是随着取消驾驶室的无人驾驶矿卡的逐步推进，自动换电技术将与之伴随形成"绿色 + 无人 + 换电"的露天矿山开采和运营方式的新时代。

▶ 4.3 发展路径

为了全面描述换电产业的技术、产业发展路径，换电产业发展路线图分别考虑车辆侧、换电站侧的应用、关键指标与关键技术，并分别描述至 2030 年的技术演进时间表，如图 4-3 所示。

在乘用车场景中，分别在运营车辆领域与私人乘用车领域实现换电模式不同的推广应用，分别给出场景描述、数量目标、车端与换电站端在经济续驶里程、电池类型、布置方案、换电接口、换电设备、充电管理、标准化进程等维度的技术演进路线，如图 4-4 所示。

在商用车换电场景中，给出重卡换电在车端、站端的技术演进目标，如图 4-5 所示。

		目前	2025年	2030年
总体目标		逐渐形成完整换电产业生态链	形成共享化换电产业生态链	全面形成标准化、智能化健康换电产业生态链
		已有941款换电车型、2000座以上换电站	换电出租车保有量达到20万辆，换电站达到4000座以上；换电商用车年销量达到10万辆以上	在适用场景中，市场份额占比超过电动车的50%
车辆侧	应用领域	已在试点城市实现大批量应用	在全国范围内运营乘用车、中短途商用车运输实现大批量应用	在全国范围内在适用场景实现全面应用
	关键指标	乘用车：运营场景单次换电续驶里程超过300公里	乘用车：运营场景全气候条件下单次换电续驶里程超过300公里，充换电接口兼容	乘用车：运营场景全气候条件下单次换电续驶里程超过300~400公里，充换电接口兼容
		商用车：经济续驶里程超过150公里；现有车型改装布置方案	商用车：经济续驶里程超过300公里，改装式/专用底盘。	商用车：经济续驶里程超过300~400公里，商用车换电专用底盘
站侧	关键指标	单车换电时长低于5分钟，换电站能量转化效率≥93%，大功率充电机1C充电	单车换电时长低于3毫米，换电站能量转化效率≥95%，大功率充电机1~1.5C充电	单车换电时长低于3分钟，换电站能量转化效率≥96%，大功率充电机1~1.5C充电
关键技术		电池技术、换电连接技术、自动检测技术，换电安全防护技术，车辆及电池定位技术等换电机器人相关技术	换电共享、标准化兼容性技术，大功率快充技术	自动驾驶技术、光储充放等综合智慧能源系统与换电技术的进一步结合

图4-3　换电产业总体技术路线图

		目前	2025年	2030年
主要应用场景		试点城市运营车辆；部分私人乘用车品牌专用换电站	全国范围内运营车辆推广；多个私人乘用车共享换电站	运营车辆、私人乘用车全场景
数量目标		试点城市运营车辆，部分私人乘用车可充可换	换电出租车保有量达到20万辆，换电站达到4000座以上	在适用场景中，市场份额占比达到电动车的50%
车端技术目标	经济里程	运营场景单次换电续驶里程超过300公里	运营场景全气候条件下单次换电续驶里程超过300公里	运营场景全气候条件下单次换电续驶里程达到300~400公里
	电池类型	磷酸铁锂电池，标准化电池包开始进入市场	高能密度磷酸铁锂电池/长寿命三元电池，标准化电池包大规模应用	高能密度磷酸铁锂电池/长寿命三元电池/标准化电池包全面应用
	换电接口	螺栓式/卡扣式	螺栓式/卡扣式/技术方案统一，充换电接口兼容	螺栓式/卡扣式/技术方案统一充换电接口兼容
站端技术目标	换电设备	单车换电时长低于5分钟，换电机器人定位精度为±3毫米	单车换电时长低于3分钟，换电机器人定位精度进一步提升	单车换电时长低于3分钟，换电机器人定位精度进一步提升；自动驾驶技术与换电设备密切结合提升换电体验
	充电管理	大功率充电机1C充电，应用站内集中充电管理及实施监测	大功率充电机1~1.5C充电，实现充电主被动安全全面管理	大功率充电机1~1.5C充电，应用站网互动等智慧调控充电管理，充电主被动安全全面管理
	标准化	开始构建换电标准体系	形成共享化换电产业生态链形成可充可换的新生态形式	全面形成标准化、智能化、可充可换产业生态链

图4-4　乘用车换电业务发展路线图

		目前	2025年	2030年
主要应用场景		封闭场景 短倒运输	短倒运输 干线运输	干线运输 长途干线运输
数量目标		年销量≥15000辆 经济续驶里程≥150公里	年销量≥100000辆 经济续驶里程≥300公里	年销量≥300000辆 经济续驶里程≥300~400公里
车端技术目标	电池类型	磷酸铁锂电池，标准化电池包开始进入市场	高能密度磷酸铁锂电池/长寿命三元电池，标准化电池包大规模应用	高能密度磷酸铁锂电池/长寿命三元电池/锂硫电池；标准化电池包全面应用
	布置方案	现有车型改装	改装式/专用底盘	改装式/专用底盘/滑板底盘
	换电接口	换电机构采用定位插销和旋压方式进行锁止，电连接采用插拔式	机械连接寿命进一步延长、电连接可靠性增加	机械连接寿命进一步延长、电连接可靠性增加
站端技术目标	换电设备	单车换电时长低于5分钟，换电机器人定位精度为±3毫米	单车换电时长低于3分钟，换电机器人定位精度进一步提升	单车换电时长低于3分钟，换电机器人定位精度进一步提升
	充电管理	大功率充电机1C充电，换电站能量转化效率≥93%，应用站内集中充电管理及实施监测	大功率充电机1~1.5C充电，换电站能量转化效率≥95%，实现充电主被动安全全面管理	大功率充电机1~1.5C充电，换电站能量转化效率≥96%，应用站网互动等智慧调控充电管理，充电主被动安全全面管理
	标准化	开始构建换电标准体系	形成共享化换电产业生态链	全面形成标准化、智能化健康换电产业生态链

图 4-5　重卡换电技术路线图

第5章
换电产业发展政策建议

1. 换电产业各主体协同推进重点场景标准化进程

换电不同场景对于标准化的需求不同，其中，出租车、网约车、中重卡干线等重点场景宜优先推进，按照先易后难、科学有序的方式加速标准化进程。这一过程需要产业链中企业、行业协会及政府主管部门的深度协同。

建议换电企业开放加盟生态，自发促进不同整车企业换电平台的标准化。2023年以来蔚来已经与广汽、长安、吉利等达成换电合作。

行业协会与企业协同推进重点场景标准化进程。建议行业协会加速出租车、网约车、中重卡干线等重点场景的标准化进程，分阶段逐步实现换电电池系统结构尺寸、换电接口、通信协议等影响兼容共享换电的技术路径统一，以打破品牌与运营商之间的壁垒，实现真正的互联互通。

需要政府主管部门针对中重卡干线等需要跨区域协调的场景，充分发挥其主导作用。将换电站建设纳入市政基础设施和电力专项规划，并延伸至高速、交通枢纽等区域间交通领域的规划专项，建设"换电走廊"。通过科学合理的规划布局，确保换电设施的建设既合理又高效便捷，满足日益增长的中重卡等车辆的换电需求。

2. 明确换电车电分离在公告保险体系地位，激活电池全生命周期管理市场

重视全场景下的动力电池资产保险服务，建立健全无动力车身和动力电池系统分开上险机制。现行的新能源汽车商业保险示范条款，保险按照整车来上，对运营商的电池资产没有做到"车电分离"，只考虑电池"随车使用"期间遇到的问题，存在一些电池运营场景的空白。对运营商会造成资产出险但保险未实质性起到资产保障作用的问题。因此，建议国家金融监督总局能加快出台无动力车身和动力电池系统分开上险的机制，创新换电车辆保险产品种类，让资产所有权和保险的权属更加清晰，让理赔都更加顺畅，也能降低车辆用户的保险支出。

构建智能硬件与通信协议的统一标准体系，共享兼容换电产业发展新趋势。电池租赁条件下，电池的产权和使用权分离，企业通过加装智能硬件等数字化手段对数据进行实时采集和记录，保障了电池资产运营中的溯源和定位以及电池资产的安全。然而，目前车辆和换电站都会面临不同厂家的动力电池系统互配兼容的问题，电池运营商在电池包回购之后面临非常大的智

能硬件整改工作和成本。因此，建议进一步规范智能硬件和相应的通信协议标准的统一。

进一步推动电池包的全生命周期管理。建议电池相关企业、技术机构、金融保险机构等加快进入换电产业。出台金融政策支持电池银行运营，提高电池全生命周期管理的透明度和效率，延长电池使用寿命，保障用户的安全性，以实现换电模式对公共资源优化配置的功能。

3. 促进形成完善检测机制，增强换电产业全生命周期安全保障

安全是充换电作为公共服务属性必须遵循的底线，换电的频繁装卸以及换电站的大规模电池集中存放使其成为安全防护的重点，需从电池侧与换电站侧同时加强电池安全管理。

从电池侧，电池包主动安全设计是关键。换电具有频繁装卸以及提高使用频次等特定工况，建议车企针对换电车辆使用电池进行主动安全设计；建议行业协会针对换电电池提出相应有针对性的电池热管理、碰撞安全标准等。

换电站侧，建议行业协会在行业主管部门的监管下建立换电站安全认证体系，以提升安全换电站的市场信誉度和认可度。这一体系应该包括一系列严格的评估标准和程序，以确保换电站的设施、技术、运营管理等各方面都达到一定的水平。通过认证的换电站将被颁发权威的证书，这将成为其在市场中

获得用户信任和选择的重要凭证。同时，认证体系的建立也将推动换电站行业的健康发展，提升整个行业的服务质量和竞争力。

4. 加大试点示范力度，推动换电站与新型电力系统融合

建议相关部委组织跨行业、跨区域专家总结、评估试点示范城市换电产业发展成效。特别是针对换电站在建设审批、用地用电、运营安全等环节的问题，充分吸纳换电试点城市优秀经验做法，提出规范换电站管理的制度举措。同时，开放分布试点城市数据和政策措施，以利于总结推广。

深化换电站与绿电交通及新型能源的融合。在总结、评估现有试点示范应用成效的基础上，为了进一步推动绿色交通与新型能源的深度融合，建议换电站积极购买绿色能源电力，实现其运营的全面绿色化。同时也建议换电站在设计建设中积极考虑布局分布式光伏等或与所在地可再生能源布局相结合。为用户提供更为环保的换电服务，降低碳排放，这有助于推动环境保护和能源的可持续利用。换电站作为绿电交通网络中的关键节点，其绿色化运营将对整个绿色交通体系产生积极影响。

探索换电站效率提升路径，鼓励站网互动、电池梯次利用等技术创新和商业模式创新试点示范。常规商用车单座换电站2~3兆瓦·时，在服务换电车辆之余，利用冗余容量聚合作为储能单元，是电网削峰填谷、调频、备用等的优质可控负荷，

通过"共享储能"的方式也可为电网台区及新能源接入等起到"扩容"作用。但当前换电站作为储能单元参与电网互动的身份不明晰，且换电站扩容、备用、调频等的市场机制仍未建立，其交能融合的优势发挥受限。因此，一是建议电网企业与充换电运营商合作，建立电网与充换电场站的高效互动机制，研究探索充换电场站对电网放电的价格机制，提升充换电场站的功率响应调节能力。二是明确充换电设施的电力接入容量核定方法并规范相关标准，有效提升配电网接入能力；三是鼓励加快推动面向物流运输的源网荷储用一体化解决方案的开发和示范。探索智能微网技术的利用，串联高速公路边坡、分布式新能源、高速公路服务区、充换电站、电动车辆之间的协同联动，通过"网网融合"来实现局部能源平衡自洽和大电网安全稳定可控。四是完善动力电池用于电力储能身份，允许退役电池当做独立储能参与站网互动，并开发容量交易市场。

附录

附录 A
电动汽车换电技术相关标准

专业分类	序号	标准编号	标准名称	类型	状态
动力电池箱	1	GB/T 34013—2017	电动汽车用动力蓄电池产品规格尺寸	国家标准	已发布
	2	GB/T 40098—2021	电动汽车更换用动力蓄电池箱编码规则	国家标准	已发布
	3	NB/T 33024—2016	电动汽车用动力锂离子蓄电池检测规范	行业标准	已发布
	4	NB/T 33025—2020	电动汽车快速更换电池箱通用要求	行业标准	已发布
	5	Q/GDW 685—2011	纯电动乘用车快换电池箱通用技术要求	企业标准	已发布
	6	Q/GDW 686—2011	纯电动客车快换电池箱通用技术要求	企业标准	已发布
	7	T/SPSTS 009—2018	电动汽车充换电用锂离子电池安全性要求与测试方法	团体标准	已发布
	8	T/SPSTS 007—2018	电动汽车充换电用锂离子动力蓄电池包和系统安全规范	团体标准	已发布
	9	Q/GDW 11173—2014	电动汽车快换电池箱检验试验规范	企业标准	已发布
换电系统与设备	10	GB/T 33341—2016	电动汽车快换电池箱架通用技术要求	国家标准	修订中
	11	NB/T 33006—2013	电动汽车电池箱更换设备通用技术要求	行业标准	修订中
	12	NB/T 33020—2015	电动汽车动力蓄电池箱用充电机技术条件	行业标准	已发布

专业分类	序号	标准编号	标准名称	类型	状态
换电系统与设备	13	NB/T 33026—2016	电动汽车模块化电池仓技术要求	行业标准	已发布
	14	NB/T 33027—2016	电动汽车模块化充电仓技术要求	行业标准	已发布
	15	NB/T 10434—2020	纯电动乘用车底盘式电池更换系统通用技术要求	行业标准	已发布
	16	NB/T 10903—2021	电动汽车电池更换系统安全要求	行业标准	已发布
	17	NB/T 10904—2021	电动汽车电池更换系统结构和用例	行业标准	已发布
	18	Q/GDW 11169—2014	电动汽车电池箱更换设备通用技术要求	企业标准	已发布
	19	GB/T 29316—2012	电动汽车充换电设施电能质量技术要求	国家标准	已发布
	20	GB/T 36278—2018	电动汽车充换电设施接入配电网技术规范	国家标准	已发布
	21		纯电动乘用车卡扣式换电系统接口技术要求　第1部分：结构与尺寸	团体标准	起草
	22		纯电动乘用车卡扣式换电系统接口技术要求　第2部分：电气接口	团体标准	起草
	23		纯电动乘用车卡扣式换电系统接口技术要求　第3部分：通信协议	团体标准	起草
	24		纯电动商用车车载换电系统互换性　第1部分：换电电气接口	行业标准	报批中
	25		纯电动商用车车载换电系统互换性　第2部分：换电冷却接口	行业标准	报批中
	26		纯电动商用车车载换电系统互换性　第3部分：换电机构	行业标准	报批中
	27		纯电动商用车车载换电系统互换性　第4部分：换电电池系统	行业标准	报批中
	28		纯电动商用车车载换电系统互换性　第5部分：车辆与电池系统的通信	行业标准	报批中
	29		电动重型卡车电池箱更换设备技术要求	企业标准	制定中

续表

专业分类	序号	标准编号	标准名称	类型	状态
换电接口和通信	30	GB/T 32879—2016	电动汽车更换用电池箱连接器通用技术要求	国家标准	修订中
	31	GB/T 32895—2016	电动汽车快换电池箱通信协议	国家标准	修订中
	32	GB/T 32896—2016	电动汽车动力仓总成通信协议	国家标准	已发布
	33	NB/T 10436—2020	电动汽车快速更换电池箱冷却接口通用技术要求	行业标准	已发布
	34	NB/T 10435—2020	电动汽车快速更换电池箱锁止机构通用技术要求	行业标准	已发布
	35		电动汽车快速更换电池箱数据接入与安全监控技术规范	行业标准	制定中
	36	Q/GDW 11174—2014	电动汽车快换电池箱通信协议	企业标准	已发布
	37	T/CEC 102—2016	电动汽车充换电服务信息交换	团体标准	已发布
	38	Q/GDW 11215—2014	电动汽车电池更换站用电池箱连接器技术规范	企业标准	已发布
电池更换站	39	GB/T 29772—2013	电动汽车电池更换站通用技术要求	国家标准	修订中
	40	GB/T 51077—2015	电动汽车电池更换站设计规范	国家标准	修订中
	41	GB/T 40032—2021	电动汽车换电安全要求	国家标准	已发布
	42	GB/T 31525—2015	图形标志　电动汽车充换电设施标志	国家标准	已发布
	43	DB22/T 3465—2023	电动汽车换电站消防安全技术规范	地方标准	已发布
	44	DB5115/T 101.3—2023	换电式重卡换电站　第3部分：火灾事故处置规程	地方标准	已发布
	45	DB5115/T 101.2—2023	换电式重卡换电站　第2部分：消防安全管理规范	地方标准	已发布
	46	DB5115/T 101—2023	换电式重卡换电站	地方标准	已发布
	47	DB31/T 1265—2020	电动汽车充换电设施公共数据采集与监测规范	地方标准	已发布

续表

专业分类	序号	标准编号	标准名称	类型	状态
电池更换站	48	DB31/T 998—2016	能源补给系统道路交通指引标志设置规范 第1部分：充换电	地方标准	已发布
	49	T/GDDY 001—2016	电动汽车充换电设施安全验收和核查规范	团体标准	已发布
	50	T/CSEE 0033—2017	电动汽车充换电设施网络规划导则	团体标准	已发布
	51	GB/T 29317—2021	电动汽车充换电设施术语	国家标准	已发布
运行维护	52	NB/T 33004—2020	电动汽车充换电设施工程施工和竣工验收规范	团体标准	已发布
	53	NB/T 33023—2015	电动汽车充换电设施规划导则	团体标准	已发布
	54	NB/T 33018—2015	电动汽车充换电设施供电系统技术规范	团体标准	已发布
	55	NB/T 33017—2015	电动汽车智能充换电服务网络运营监控系统技术规范	团体标准	已发布
	56	NB/T 33019—2015	电动汽车充换电设施运行管理规范	团体标准	已发布
	57	NB/T 33007—2013	电动汽车充电站/电池更换站监控系统与充换电设备通信协议	团体标准	已发布
	58	NB/T 33009—2013	电动汽车充换电设施建设技术导则	团体标准	已发布
	59	NB/T 33005—2013	电动汽车充换电站及电池更换站监控系统技术规范	团体标准	已发布
	60	GB/T 37293—2019	城市公共设施 电动汽车充换电设施 安全技术防范系统要求	国家标准	已发布
	61	GB/T 37295—2019	城市公共设施 电动汽车充换电设施 运营管理服务规范	国家标准	已发布
	62	DB44/T 1465—2014	电动汽车充换电服务运营管理系统技术规范	地方标准	已发布

附录 B
乘用车换电典型案例

一、蔚来汽车

蔚来的角色在换电领域是比较特殊的，作为一家车企，不仅有车辆及电池的设计制造能力，同时具有设计、制造、运营自有换电体系的能力，服务全国总量超过 40 万辆乘用车，同时也拥有首家真正意义上的电池资产公司——蔚能新能源动力有限公司。蔚来不仅在国内有换电体系，在欧洲同样有一整套换电体系，对行业具有重要的参考价值。蔚来产业链布局见附图 B-1。

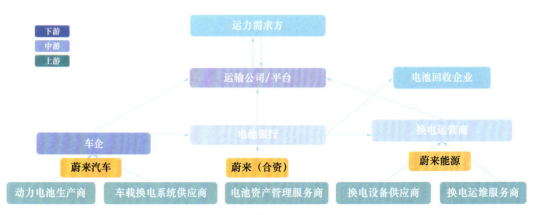

附图 B-1　蔚来产业链布局

蔚来采用相同尺寸包络的 one pack 策略，通过蔚来标准化电池包的设计，让全系车型均成为换电车型。同时，蔚来在行业内首次利用不同化学体系的调节，实现了相同尺寸的电池包具备不同电池容量（75 千瓦·时 /100 千瓦·时 /150 千瓦·时）的设计，附图 B–2 为蔚来电池包外形图。

附图 B–2　蔚来电池包

　　从 2018 年开始蔚来启动了全国范围内的换电站布局，至今已经超过 1400 座换电站，截至 2023 年 5 月已经完成超过 2800 万次换电，是目前所调研的车企中换电实践经验最丰富的乘用车车企。从运营效果来看，蔚来换电模式兼容了蔚来品牌旗下不同车型，通过其单一品牌的蔚来换电站的运营高速换电站与城市换电站的布局，解决了用户的充电焦虑，通过换电模式减少土地及电力资源的占用率，提升用户体验的同时也为企业带来更强的产品开发效率。

总的来说，在中国的下沉市场，换电可能是更经济的选择，因为超级充电需要更多的电力支出。然而，电力供应方面的问题，包括电力容量的可用性和稳定性，以及电力成本的问题，仍然需要解决。同时，为了确保换电站的盈利，需要更多的车辆和电池包的支持。标准化电池将在资源整合方面发挥重要作用，但需要权衡各方利益，避免出现不公平竞争。电池技术的进步也将对整个换电行业带来挑战和机遇。因此，整车维度的技术先进性评估变得至关重要，以避免劣质产品驱逐高质量产品。此外，电池的全生命周期管理也具备长期的可行性，可以促进循环经济的发展。

二、江淮钇威—国轩动力—泽清新能源

钇威汽车科技有限公司（简称江淮钇威）是江淮汽车集团的子公司，成立于 2023 年 3 月，专注于新能源汽车领域。其产品线包括纯电小型电动车型，如钇为 3。江淮钇威的换电合作伙伴包括国轩动力和泽清新能源，共同为江淮的 ToB 换电运营企业提供支持，其中主要运营车型为江淮 A50。

泽清新能源成立于 2018 年，专注于新能源电动汽车充换电基础设施的建设与运营。该公司通过建设共享化、信息化、自动化、智能化的充换电基础设施网络，为电动汽车提供便捷的能源供给服务，同时为有志于电能供给网络建设的企业提供全套解决方案。泽清新能源换电站见附图 B-3。

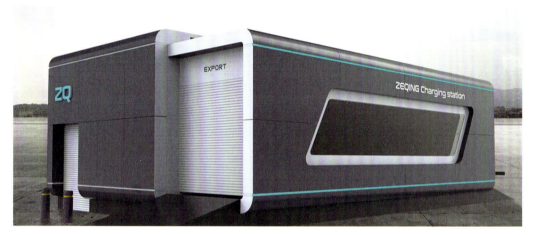

附图 B-3 泽清新能源换电站

江淮钇威、国轩动力和泽清新能源合作的出租车换电方案始于 2020 年 10 月，目前在安徽、山东等地区开展运营。该方案的计费方式采用了按公里计费，例如在安徽每公里费用包括换电服务费、电费和电池租金，总计为 0.3 元 / 公里；而在山东则为 0.33 元 / 公里。

这一合作模式采用了车站包协同模式，其中车辆和站点运营均由泽清新能源负责，已经在一些城市初步实现盈利。为了确保换电站的盈利，每个站点配备了 50 辆车和 24 个周转电池包，并规定了每月换电里程的要求。

江淮钇威的换电场景着重于提供良好的换电体验，特别适用于外地司机，因为他们通常无法在外地建立自己的充电设备。此外，江淮钇威的换电站被定位为综合能源站，与 4S 店资源进行整合，形成了全生命周期服务生态系统，将 4S 店转化为体验中心、交付中心和服务中心，为公众提供多元化的服务。

国轩动力和泽清新能源在这个案例中扮演了关键角色。他们提供了标准化电池技术，如国轩动力的磊式换电，这有助于资源的整合。然而，标准化电池也可能导致车厂受限，因此在推进标准化方案时需要权衡不同利益。此外，电池技术的进步，如半固态电池和固态电池，将对换电行业产生重大影响。江淮钇威选择了框架式 Z 型水平机构卡扣式的技术路线，同时还需要考虑兼容多款车型，通过框架式调整来实现兼容。江淮钇威—国轩动力—泽清能源产业链生态位见附图 B-4。

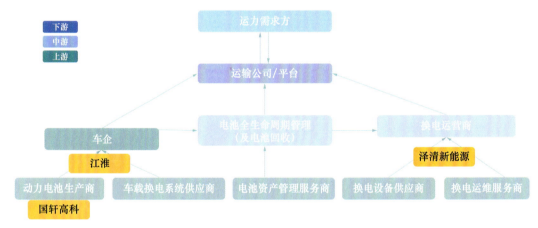

附图 B-4　江淮钇威—国轩动力—泽清能源产业链生态位

三、一汽红旗—奥动新能源—国网吉林电动

奥动新能源成立于 2016 年，早在 2000 年，其全资子公司上海电巴新能源科技有限公司就开始探索换电技术。奥动新能源的愿景是成为全球领先的智慧能源服务平台，通过与车企、

能源服务商、车辆运营方等产业伙伴深度合作，不断探索更有利于换电模式和电动车型推广的商业模式。一汽红旗—奥动新能源—国网吉林电动产业链生态位见附图 B-5。

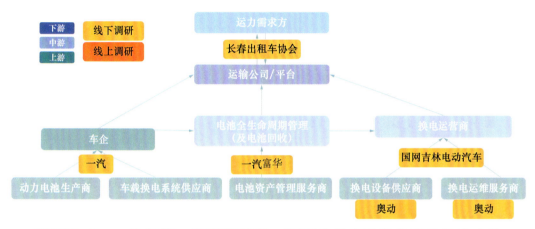

附图 B-5　一汽红旗—奥动新能源—国网吉林电动汽车产业链生态位

本案例涉及一汽、国网吉林电动和出租车运营协会的三方合作，旨在通过换电模式快速推动出租车的电动化。目前，该项目在省级范围内建立了 77 个换电站，服务 1.7 万辆换电出租车和网约车，总换电量达到约 1.7 亿千瓦·时，总里程达到 6.78 亿公里。夏季平均每天进行 1.5 ~ 1.6 次的换电，而冬季平均每天需要 2.6 ~ 3 次的换电。

然而，尽管项目规模庞大，经济性目前相对较差，国家电网和一汽富华都难以盈利。究其原因可能与车辆价格较高有关，这些车辆的价格通常在 20 万元以上，尽管通过电池银行和政府补贴可以实现初始购置价格为 8 万元左右，但车辆的维修保养仍然导致费用较高。此外，定价主要依据燃气价格和政府定价，这种模式的可持续性较差。此外，冬季换电面临一些挑战，包括续航里程下降导致换电频率增加，以及冬季补能效率较低，导致换电站服务能力下降。此外，在气温穿越零度时，车载换电机构可能结冰，导致难以进行换电操作，尤其是对于卡扣式机构来说问题更加突出。解决这些问题的方法包括安装挡板和吹热风等方式，以减轻冬季换电的困难。

四、东风柳汽—欣旺达—安易行

这个案例涉及乘用车场景，针对的用户群体包括双班倒的出租车司机（追求节约时间的特点）、网约车司机中运距最长的前 45% 的司机以及单班出租车司机。值得注意的是，偏好使用换电的司机，他们的日均行驶里程比充电的司机每天多开 97 公里。此外，对于这些司机来说，等待补能的时间相较于充电来说可以接受的范围是低于 35 分钟。

当前该场景的平均换电频率为每天 180 次，单站的换电容量达到每天 288 次。

该场景有一些亮点值得注意：换电效率提升可以有效降低所需的备用电池数量，从 21 块降至 9 块，有助于提高资源利用效率。

光储充换放一体能源站的建设对于降低站内耗能量具有重要

意义，从而改善经济性，因为电力成本占据了 60% 的运营成本。

引入优质投资早期支持电池银行模式，有助于降低企业内部的资金压力，推动模式的可持续发展。东风柳汽—欣旺达—安易行产业链生态位见附图 B-6。

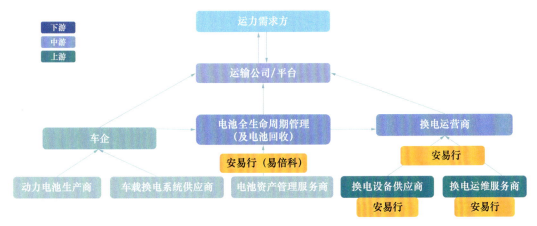

附图 B-6　东风柳汽—欣旺达—安易行产业链生态位

五、协鑫能科杭州龙泉路站换电项目

1. 项目规模

协鑫能科杭州龙泉路站换电项目位于杭州市余杭区龙泉路 26 号，为协鑫能科自研乘用车换电站，占地约 110 米 ^{2}，配备 26 块电池，每天最高可提供 600 次补能服务。该换电站主要服务于新能源网约车，可同时为 50 辆车提供换电服务。换电站的硬件设备主要包括：2 台 630 千伏 A 箱式变压器；2 台 800 千伏 A 箱式变压器；4 组 480 千瓦 1 拖 10 充电堆；4 组 120 千瓦一体机双枪充电桩；配套高低压电缆及土建等。

2. 关键技术

在龙泉路站换电项目中，协鑫能科提供的关键技术包括：

（1）线上值守。采用远程值守诊断技术，产品可靠性更高；线上值守，线下巡检，5秒快速响应。

用户进入电港，只需挂N挡、松开脚刹即可开始换电，全程无须人工介入。车、站、云智能互联，200米范围内1秒认证，无须等待即可进入换电站换电完成无感支付。

螺栓式锁止机构可高精度监测每一个锁的状态，换电成功率高于99.9%、设备故障率低于0.1%。实时监控设备及电池状态、现场视频监控线上故障恢复、智能派工系统、智能IP对讲，5秒快速响应。实时监控电池数据，发现热失控电池，可实现自动弹出。

（2）设备预测性维护。依托现代设备管理理念及人工智能的技术发展，将与设备可靠性管理有关的生产经营活动上下贯穿，将设备状态监测、趋势预测、缺陷管理、设备可靠性分析与评价和设备运行维修策略优化等要素有机地结合在一起，形成基于大数据、AI+机理混合模型算法、知识图谱及LLM的预测性设备智能运维管理体系。

（3）设备智能监测。采集设备运行关键参数和指标，建立状态监测模型，通过设备异常状态统计分析，提取设备故障和操作参数之间的重要关系，对异常情况进行多级报警。

通过早期预警主动发现问题，并在事故发生之前采取行动，可最大限度减少非计划停机时间，节省维修费用。

3. 商业模式

龙泉路站换电项目是一个多方合作共同建设的示范性储充换项目。场地内配置了巽能（杭州）能源科技有限公司建设的协鑫电港换电站；杭州离能新能源有限公司提供的 48 把快充枪；北京胜能能源科技有限公司建设的储能站；蔚来建设的蔚来换电站；杭州浩睿智行科技有限公司（协鑫能科参股）专门为司机群体定制的"司机服务之家"休息室。

4. 项目运行情况

自今年 2 月份投运以来，项目运行平稳。目前，协鑫电港换电站每日换电次数为 60～70 次，每日换电总里程在 8000 公里左右，每日消耗电量 1700 千瓦·时左右。

5. 困难与挑战

该类项目在实施过程中面临的困难与挑战主要有以下三个方面：

（1）需要寻找面积大、人流量大、司机群体集中居住的区域，同时还需要相应的建设充电桩 / 换电站的场地。

（2）需要寻找有意愿合作并且与示范性场站内设施相匹配的合作伙伴来共同建设和运营。

（3）必须具备政府部门所要求的场地建设资质及设备合规

性文件，但这些资质文件中的规定对于办理主体的要求很高。

6. 项目亮点 / 意义

龙泉路站换电项目是由多家行业内头部企业共同打造的示范性场站，为推动杭州新能源网约车普及、加快杭州零碳交通进程树立了标杆。该项目可以为杭州新能源网约车提供全方位的服务。一方面，司机师傅驾驶"东风风神—协鑫能科"联名款车型 E70 换电新能源车在协鑫电港换电，全流程只需 99 秒，比充电更加简单便利，极大提升车辆的接单率和运营效率，释放了更大出行潜力，同时也大大增加了司机流水收入。另一方面，协鑫能科参股的杭州浩睿智行科技有限公司为该项目建设了"司机服务之家"，这在网约出行领域是个创新举措，是积极参与共建网约车就业环境的一次尝试。司机服务之家以"即时温暖""便捷嵌入""开放共享""共建共治"为出发点，为往来充换电的网约车司机群体免费提供 12 项专属服务，包含法律援助、24 小时空调、24 小时热水、紧急药箱、自助按摩、微波加热等。该换电场站为杭州日夜奔波的网约车司机尽可能地提供了便利。项目设施的完备性吸引了大量司机来该场站换电、休息，使得所有设备发挥了极大的价值和效率，从而提高了整体的项目收益。因此，相较于周围的其他充换电场站，该场站的日活司机更多，更具有示范效应。

7. 发展规划

协鑫能科依托深耕绿色能源运营和综合能源服务的布局，倾力打造从清洁能源生产、补能服务到储能的便捷、经济、绿色的出行生态圈，为电动化出行提供补能服务、电池全生命周期管理和电港商业化运营等一体化能源解决方案。

在杭州市，协鑫能科已实现10座协鑫电港的换电布局。这10座换电站科学选址，分布于市内运力热点区域，基本形成"6~8公里服务网络"，车辆可根据平台智能荐站和导航，避峰就谷，享受最合理的补能路线和最高效的补能服务。2023年，协鑫电港规划在杭州市服务不少于3000辆网约车、出租车，这将有力推动杭州城市交通零碳化进程，为"电动浙江"打造换电标杆城市。

随着投入运营车辆规模扩大，补能网络持续健全，协鑫电港规模化、低成本绿电供应，全数字智能管控、迭代补能技术等核心优势将得到进一步放大，为更多用户提供低碳、便捷、经济的补能体验。

附录 C
商用车换电典型案例

一、"换电 + 甩箱"项目

1. 项目简介

包头某电厂的燃煤从鄂尔多斯潮脑梁煤矿采购，运输距离约 130 公里。传统运输模式下，煤矿端装货排队平均 3 小时，在途运输平均 2.5 小时，电厂端卸货排队 6 ~ 8 小时（平均 6.5 小时），往返一趟 15 小时。电厂外长期有 100 ~ 200 辆车在排队，平均排队时间 6 个多小时，排队是运输效率低下的最主要的因素。

项目改变运输模式，对干线运输和装卸解耦，采用"新能源 + 散改集"智慧甩箱模式进行电煤运输，通过电能替代解决环保问题，通过散改集，加持数字化甩箱管理系统对车辆、吊装设备及陆港运营过程进行有效管理，提升运输效率。项目通过在电厂和煤矿两端进行双向甩箱，司机往返一趟的时间从 15 小时优化到 4 个多小时，干线运输车辆从每天跑不到 1 趟提升至每天跑 4～6 趟。首月就从单车每日里程 300 公里提升到近 1000 公里。

2. 项目特点及意义

一是采用数字化运力调度平台有效整合运力，包括对车辆、共建车队和外协运力，保障车辆及基础设施的运营效率。二是通过干线车辆运营效率大幅提升，降低车辆单趟综合运输成本；三是通过物联网设备和数字甩箱软件平台实现运输环节全程监控，保障货物安全；四是电厂端排队拥堵问题得到有效缓解，减少汽车燃油消耗及碳排放。同时"集装箱运输＋篷布"大大减少煤炭运输途中粉尘污染。

3. 经济效益及社会效益分析

该项目模式可广泛应用于坑口和城区周边设立集装箱转运站，快速推广且分阶段投入使用，助力散装煤、矿区、砂石骨料运输有效降低扬尘污染、车辆排队、尾气污染等问题，为实现"双碳"目标作出贡献。"电卡甩箱"模式与传统模式对比如附图 C-1 所示。

二、煤光储充换一体化建设项目

1. 项目简介

位于宁夏的煤光储充换一体化项目由 2 台 100 万千瓦火电机组，分布式光伏（容量约 5.5 兆瓦）、2 座集中式换电站（内

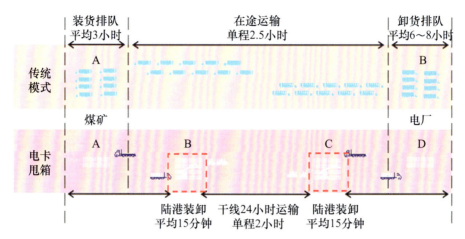

附图 C-1　"电卡甩箱"模式与传统模式对比

置 7 块备用电池，1.974 兆瓦·时容量）、80 辆换电重卡构成。本着绿电交通的环保理念，选定本项目换电站的电源接入点引自火电厂 10 千伏配电室，2 回光伏线路均并接至此配电室中，采用双电源输入方案，优先消纳光伏电，夜间或者白天光伏出力不稳定时则由煤电机组的厂用电转供，光伏供电稳定且供过于求则余电作为火电厂的厂用电，如附图 C-2 所示。

2. 项目特点及意义

该项目为典型的新能源协同传统能源的源网荷储一体化项目，是未来新型电力系统建设的重要方向，其特点有以下几点：一是清洁稳定。源端采用光伏电站结合燃煤机组的组合方式，在优先保障绿电交通、绿色电力需求的同时，考虑光伏夜间停止供电的特点，由燃煤机组夜间谷电提供换电重卡运营电力需求。二是高效经济。相比传统新能源重卡，采用"换电重卡—

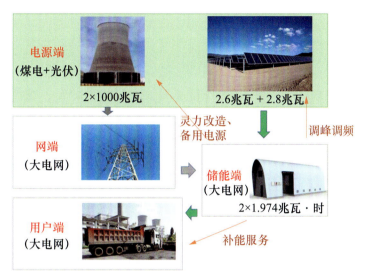

附图 C-2 煤光储充一体化项目示意图

换电站—电池银行"三位一体运营模式，每次换电仅需 3~5 分钟，运输效率大幅提升，且换电站充电来源白天为光伏电站电力，夜间为价格低廉的火电厂谷电。三是资源配置优。用低价的厂用电为常用燃煤运输提供服务，无须电力长距离输送，实现网端资源集约；换电站及电池银行除为电动汽车提供补电服务之外，还可作为电源侧储能电站，提供削峰填谷的作用；光伏电站除正常供应换电站充电所需之外，变相实现了余电上网。

　　交通电动化转型过程中，解决电力源头的清洁化是一个亟待突破的方向。该类"光储充换+"示范项目一方面从根源上实现了交通用能的真正绿化，另一方面通过模式的创新，探索新能源车辆参与需求侧的聚合响应，促进绿电消纳方面的潜力，有助于构建以新能源为主体的新型电力系统。

3. 经济效益及社会效益分析

因燃煤电厂相对于整体项目更多的是电力稳定调节的作用，且其正常运营独立，其经济性不算在本项目中。启源芯动力与宁东公司之间的合作，按照稳定的电力供应费率来划分边界，因此，以绿电交易的价格作为边界，光伏电站的投资收益不纳入整体项目的经济性分析中。仅针对换电重卡、换电站、电池银行进行整体经济性分析，整体油电经济性可达 16.84%，详细测算边界如附表 C-1 所示。

附表 C-1　　　　　　　　单车年成本汇总及油电节约对比

项目	油车	电车	备注
单日运行路程（公里）	260	260	
月均运营天数（天）	26	26	
每公里（油耗/电耗）	0.45	1.80	
车辆采购成本（万元）	37.01	37.00	油车为国六含购置税价格，根据各地情况不同
车辆月折旧（万元/年）	7.40	7.40	
油费/补电费用（万元/年）	25.55	20.77	考虑电费、换电服务费、电池租金
其他运营成本（万元/年）	4.28	2.8	考虑发动机维修保养、尿素、保险等成本
运营成本总计（万元/年）	37.24	30.97	
油电经济性差异（万元/年）	6.27		
油电节约率	16.84%		

按照 80 辆车 80% 使用光伏场站所发绿电运营测算，每年将消纳绿电 920 万千瓦·时，减少柴油消耗约 276.5 万吨，减少二氧化碳排放约 7300 吨。

三、南京市重卡换电城市级推广应用

江苏电投易充新能源科技有限公司（简称江苏电投易充，前身为南京普斯迪尔电子科技有限公司，具有 14 年的充换电技术研究及运营经验）于 2021 年起借助南京市国家换电试点城市创建机遇，主导了南京市重卡换电城市级推广方案探索工作，与整车企业及换电运营企业共同打造了新能源重卡城市级互通互换换电生态，在南京已累计推广换电重卡车辆 1200 台，建设重卡换电站 11 座，形成围绕城市区域内的重卡应用生态体系。其建造的普洛斯龙潭新能源重型卡车换电站如附图 C-3 所示，铁心桥服务区新能源重卡换电站如附图 C-4 所示。

附图 C-3　普洛斯龙潭新能源重型卡车换电站

项目重点在城市渣土运输领域进行了推广应用，据南京市城建集团的重卡综合管理平台数据显示，已接入 687 家运输企业，4 家换电设施运营企业，接入各类重卡运营车辆 16149 辆，

附图 C-4　铁心桥服务区新能源重卡换电站

其中，新能源重卡车辆 739 辆，共计 40 家运输企业进行车辆采购，投入实际生产运营。截至 2024 年 6 月，全市已有 15 个工程项目使用新能源换电重卡进行渣土运输作业，主要服务市内回填项目，已有 18 个回填项目。南京市城建集团重卡综合管理平台如附图 C-5 所示。

附图 C-5　南京市城建集团重卡综合管理平台

关键技术：项目采用了国内重卡领域主流的顶部换电技术路线，已推广的739辆新能源换电重卡完全依据全省构建安全便捷、标准统一、互通互换要求实施，支持全省通换，满足江苏省多车型换电、不同换电站主体互通互换等推广应用需求。为满足互通互换要求，8座投运站点都已接入互通互换换电资产平台，资产平台为接入用户提供了资产管理、互换业务、换电运营管理平台接入、金融计费模板、日常运营管理等丰富功能。不同运输企业、电池银行企业、换电站运营企业通过平台进行资产、业务服务交互，实现通换能力。

商业模式：江苏电投易充通过搭建"互通互换"平台，链接运输企业、换电运营商、电池银行等参与主体。通过"互通互换"平台实现了不同车辆、不同换电站和不同电池银行之间电池包有规则的自由流转。区别于点场景的换电站运营服务，江苏电投易充是基于城市级应用场景来搭建大运力体系，通过政府政策、法规的科学引导，围绕如何提高运营车辆运输效率，来确保各参与主体的盈利。前期，江苏电投易充负责部分站点运营，主要树立示范站点和样板站点，该方案的计费方式采用了按车辆用电量进行计费，例如在南京每度电费1.1元，每度电费用包括换电服务费、基础电费，每次换电电量为200度（200千瓦·时），单个换电站一天换电次数为50次，单个换电站日收入为11000元。按照《南京市新能源换电重卡推广和示范应用实施细则》（宁政办发〔2023〕37 号）要求，全市新建、续建的国有资金占控股或者主导地位的工程项目均作为新能源换电自卸重卡推广示范工程项目，在渣土清运中推行使用新能源换电自卸重卡，自 2024 年 1 月 1 日起，该比例原则上不低于10%。通过重卡智慧管理平台对新能源换电渣土车进入工地作业比例精准监管，该项工作还未达标。随着政策的逐步落实，单个换电站的日换电次数可以提高到 100 次，则单个换电站日收入达到 22000 元。

困难与挑战：企业在构建城市级重卡换电产业生态过程中，需要与城市的主管部门做好大量的前期沟通工作，并根据城市的实际应用场景制定对应的整体规划方案。这个过程的实施周期长，需要参与企业和单位对场景进行深耕以及大量的资金投入，还包括了与整车企业、换电站企业和电池银行企业的商务对接和技术对接工作。

项目亮点：江苏电投易充构建了一套可持续发展的城市级换电生态体系。参与各方打破了"抢地盘、筑壁垒"传统零和竞争思维，在地方政府的统筹规划下，发挥各自技术及资源优势，共同打造可持续发展的城市级换电模式，实现了换电场景间的"互通互换"，提供了跨行政区范围的良好换电体验，破解车辆续航里程和补能效率的限制，特别适用于运营区域范围大的运输企业。同时，随着站点数量的增多，将逐步形成场景交融的情况，包括城市渣土、港口、钢厂、煤厂、电厂等开放场景和封闭场景，车辆可以自由、高效补能。项目打破封闭场景壁垒，盘活换电资产，实现真正的智能、高效换电运营。后期，换电站服务网点的增多，将大大提高运输企业的运营效率，缓解用户车辆电动化补能焦虑，加快车辆电动化更新进程。

江苏电投易充在这个案例中扮演了关键角色，提供了整套模式的输入，包括了政策、法规、标准、产品、平台、运营等一系列工作。鼓励性的政策、法规可以加快引导项目落地城市、省份进行交通结构的转型升级和新能源汽车产业的推广应用；依托国家汽车行业标准设计开发的标准化电池包产品，保障了支持"互通互换"功能的可选择车型更加丰富，满足了运输企业的需求。互通互换大数据运营平台保障了不同运营主体间的换电服务能力和换电结算能力；政府监管平台对车辆运营、站点运营进行监管，保障换电产业安全、良性发展。

发展规划：江苏电投易充在南京打造的城市级换电模式，得到了全国多个城市的认可和复制，山西临汾、新疆克州、浙江湖州、云南昆明等地来宁进行调研学习，同时也带动了江苏企业产品走出江苏。重卡换电城市级推广应用的设计不仅仅满足车辆基本的能源供给，拉动当地产业转型升级，又能全面满足用户需求。2023年12月，临汾市人民政府与开沃新能源汽车集团股份有限公司（简称开沃集团）、江苏电投易充新能源科技有限公司（简称电投易充）签订了项目合作框架协议。2024 年 3 月，临汾市人民政府办公室发布《关于进一步加快临汾市新能源换电重卡互通互换生态建设的实施意见（试行）》（临政办发〔2024〕7 号），开沃集团在当地已形成车辆订单 100 台，全年总车辆订单预计可达到 500 台，预计产值近 3.5 亿元。电投易充配合当地政府启动建设能源岛项目，制定了集"油气氢电醇"一体化的综合能源岛专项规划，预计到今年年底落地能源岛站点 4 座，预计产值近 3.2 亿元。此外，电投易充启动了"临汾—连云港"氢电一体化绿色走廊项目，使连云港市与临汾市成为城市级绿色干线联盟伙伴，共建我国中西部地区与沿海港口城市之间的绿色廊道。"临汾—连云港"氢电一体化绿色走廊如附图 C-6 所示。

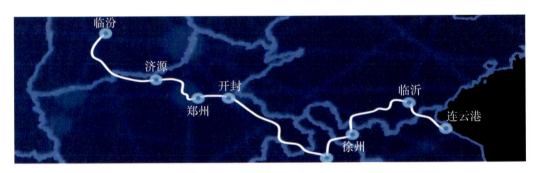

附图 C-6　"临汾—连云港"氢电一体化绿色走廊

四、高寒智能换电：国网商用电动汽车伊敏露天矿案例

项目简介：项目位于内蒙古呼伦贝尔华能伊敏露天矿，基于 -40 ℃的高寒地区运行工况，2020 年研发建设国内首套纯

电动矿用卡车智能换电系统，Ⅰ期、Ⅱ期共投入换电站 3 座、90~120 吨位纯电动矿卡 46 辆，支撑露天矿纯电动矿用卡车的规模化商业应用，标志着我国超大吨位纯电动矿卡的规模化应用登上新的台阶。2023 年，华能蒙东公司牵头，委托华能伊敏煤电公司联合国网商用电动汽车有限公司、华为集团、徐工汽车和北京科技大学等单位，开展《取消驾驶室的无人纯电动矿用卡车及配套支持系统定制化开发研究与示范推广项目》研究和开发，将高寒电动矿卡及智能换电系统成果持续转化，实现无外电源智能换电站 + 电池转运系统 + 无人驾驶电动矿卡的新质创新应用场景。

项目特点及意义：①项目特点。Ⅰ期、Ⅱ期换电系统，电动矿卡采用双侧换电应用，可更好地适应电动矿卡自身载重及降低车身重心的正向设计理念；换电系统采用双侧机器人同时非同步工作特点，实现 6 分钟内的高效率换电需求；换电站充电系统实现站载电池与充电桩融合设计，增强系统能源补给可靠性；站级监控系统实现与换电车辆通信能力，确保换电过程安全可靠；Ⅱ期换电站采用水电连接器（电气链接、冷却液），提升电池夏季高载运行降温能力；换电站、电池采用耐低温的热管理成套系统，确保在 −40℃ 低温环境下的稳定运行。移动式换电系统，换电站采用预制基础和板车承载换电站可移动式设计方案，将换电站移设时间降低至 3 天以内，最大比例降低换电站迁移成本和缩短迁移时间；换电站应用车载电池＋站载 UPS 设计，解决对外部电源接的依赖，更加适合露天矿山生产换电需求，如附图 C-7 所示。②项目意义，一是针对高寒生产工况，提出并实现新的智能充换电系统应用；二是持续迭代升级电动矿卡动力系统和智能换电站智能化水平，从订制开发走向标准化产品；三是为无人驾驶电动矿卡在矿山规模化应用提供高效能源补给手段，是践行新质生产力的具体体现。

项目运行情况：自项目运营以来，累计替代电量超过 1900 万千瓦·时，实现换电超过 4 万次，3 年内经历多次 -40℃低温天气保持稳定运行。从电池热管理系统采用外置冷却系统，可更高效和稳定的实现热交换，相比内置式热管理系统有更好的耐高温能力。

（a）固定式换电站　　　　　　　　（b）移动式换电站

附图 C-7　伊敏露天矿矿卡换电站

五、高海拔智能换电：国网商用电动汽车玉龙铜矿案例

项目简介：项目位于西藏的西部矿业集团玉龙铜矿，平均海拔超过 4000 米，2021 年研发建设，是我国首座基于高海拔生产工况的智能换电系统，该项目投入换电站 2 座、90 吨纯电动矿卡 40 辆，该智能换电系统的应用标志着我国在高海拔、低气压工况下纯电动矿卡服务矿山生产新的突破。

项目特点及意义：高海拔换电系统，深度研究和设计低气压工况下水电连接器漏液问题，融合高寒、高海拔防压力变化漏液设计的连接器实现所有生产工况支撑；多种措施解决电池系统、动力系统、充电系统电气绝缘问题，为超过海拔 2000 米的电池和充电系统绝缘问题提出解决方案；结合露天金属矿采掘特点，设计大容量快换电池箱，提高电动矿卡单次运输生产里程。首次实现高海拔电动矿卡及换电系统稳定可靠商业运行，通过生产实践同步技术升级改造方式，破解多个电动矿卡及换电系统高海拔运行难题，大幅提升车辆载电电量，实现与传统柴油动力车辆相同的生产能力。项目顺利实现商业运营，为高寒、高海拔等极端自然工况下，及岩石、软土道路和高粉尘等恶劣生产工况下的以"电代油"，提供了技术和运营保障。

项目运行情况：自项目运营以来，累计替代电量超过 1100 万千瓦·时，实现换电近 2.9 万次，最高运行海拔达到 5200 米，

始终保持稳定运行。高海拔直流非标准用电设备绝缘、水电连接器漏液、大容量换电电池箱等研究成果，在"产研共线"工作中发挥重要作用。玉龙铜矿矿卡换电站如附图 C-8 所示。

（a）矿卡换电站　　　　　　　（b）海拔 4200 米纯电动矿卡换电站

附图 C-8　玉龙铜矿矿卡换电站

六、零碳智能矿山项目

1. 项目简介

黑龙江省某矿山，年平均气温 1.6℃。最低月（一月）平均气温 -20.9℃，极端最低气温为 -39.7℃，最高月（七月）平均气温 21.1℃，极端最高气温为 35.1℃。年降雨量在 400～700 毫米，每年十月中旬冰冻，至翌年四月下旬解冻，冰冻期六个月。在规定时间内，按所需运量合理安排车辆、机械设备进行矿石运输作业、废石运输作业、矿石倒运及排土作业等业务。项目于 2023 年 6 月投产 20 辆换电矿卡，2 辆无人驾驶矿卡，配套 1 座换矿卡专用的高寒版换电站。电池包容量 396.4 千瓦·时，续航 40 公里左右，不考虑天气影响，换电站日均换电量在 2.5 万～3 万千瓦·时。

2.项目特点及意义

该项目为典型的新能源协同传统能源的源网荷储一体化项目，是未来新型电力系统建设的重要方向。其特点有以下几点：一是清洁运输及施工。露天矿电动矿卡运输、电动装载机、电动推土机等矿山施工及运输清洁化替代，为矿山行业起到很好的零碳矿山建设示范作用，打造建设零碳智能矿山标杆。二是高效经济。相比传统燃油矿卡，采用"换电重卡—换电站—电池银行"三位一体运营模式，每次换电仅需 5～7 分钟，运输效率大幅提升，且采用电力作为驱动能源，相比燃油经济性显著提高。三是具有技术验证与示范作用。该矿位于黑龙江省，位于中国东北部，极端最低气温为 -39.7℃，可以有效地检验换电矿卡电池在极寒天气的应用，为矿卡电池的技术提供有效数据支撑。此外，该项目也是甲板式换电矿卡的首次规模化示范应用。

3.经济效益及社会效益分析

因矿山场景为典型的高频重载应用场景，日均运营时长为 20～22 小时，运力稳定。在 6—8 月雨水较多的天气，重载下坡时油电经济性仍可达 10.52%～17.85%。换电站运营效率高达 60%～80%。单车年成本汇总及油电节约对比见附表 C-2。

附表 C-2　　　　　　　　　　单车年成本汇总及油电节约对比

项目	燃油矿卡	电动矿卡	燃油矿卡	电动矿卡	备注
工况	重载下坡、空载上坡		重载上坡、空载下坡		
购置成本（万元）	90	108	90	108	105 吨级同力宽体矿卡，电车为无动力车身价格
能源单价（元/升，元/千瓦·时）	5.5	1.1	5.5	1.1	电力成本及换电服务费
每公里能耗（升，千瓦·时）	1.6	3.1	2.35	6.9	标载，货重 68～70 吨
日均行驶里程（公里）	200	200	200	200	日均工作 20 小时
日均能耗（升，千瓦·时）	320	620	470	1380	每日总能耗
年均能耗费用（万元 @330 天/年）	58.08	22.506	85.305	50.094	
电池租金（预估）	/	20	/	25	若重载下坡回馈电量 50%，重载上坡回馈电量 10%
年均维修费用（万元）	6	5	8	5	包含常规保养费用，轮胎更换费用
3 年动力总成一次性保养（万元）	7	1	7	1	发动机三年时需要大保养
单车 5 年费用总成本（万元）	422	347	568	508	五年单车费用
单车 5 年总差价（万元）	75		60		上述边界下，5 年期换电矿卡对比燃油经济性提升约 10%～18%
油点经济性比例	17.85%		10.52%		

七、智能换电无人矿卡电牛 Ebull

2023 年，由国家电投、启源芯动力、伯镭科技、特百佳、重庆红专联合打造的全国首辆无驾驶室智能换电无人矿卡"电牛 Ebull"在重庆下线。取消驾驶室的车型设计为换电系统的创新和应用提供了更广泛的可能性。该车型按照国家电投绿电交通中心发起制定的"无驾驶室换电矿卡设计标准"正向设计，电池系统采用了多元复合锂电池技术，容量260千瓦·时，平均每辆卡车只需4分钟就可以完成一次电池更换。启源芯动力负责电牛Ebull的电池系统及智能充换电系统的开发，设计了配送式智能充换电系统设施。在满载情况下，电牛Ebull的续航里程可达40公里，满足了矿山短途倒运运输的特殊需求，为矿山行业提供了高效、可持续的运输解决方案。电牛Ebull无驾驶室换电矿卡见附图C-9。

附图 C-9　电牛 Ebull 无驾驶室换电矿卡

八、阳光铭岛—广西换电重卡省级跨城干线

1. 分布与规模

目前，已在广西壮族自治区内建成广西钦州港/防城港市—百色靖西市干线布局25座充换电站，换电站采用7+1电池位标

准自研站，站平均间距为 90～110 公里，形成换电标准和运营保障体系，打造广西干线新能源重卡充换电示范应用项目。

2. 应用场景

干线全长约 500 公里，海拔高差 1500 米，途经钦州港 / 防城港—钦州钦南区—南宁良庆区—南宁隆安县—百色田东县—百色德保县—靖西市，运输货物丰富。

3. 项目运行情况

项目建成后有利于增强广西钦州港 / 防城港市—百色靖西市干线充换电基础设施建设，换电站覆盖半径为 50 公里，可接入沿途社会运力为广西干线车辆提供充足、高效的换电补能服务，形成综合物流绿色干线新模式，打造全国充换电长途干线及支线短倒公共运力网络。

九、启源芯动力—"出云入桂"全国首条跨省高速公路重卡换电干线

1. 项目规模

2023 年 12 月 28 日，由启源芯动力建设的全国首条跨省高速公路重卡换电干线项目在 G80 富砚高速路段投入运营。项目已整体建成 8 座充换电站，云南境内建成 4 座换电站，广西境内建成换电站 3 座 + 充电站 1 座，实现电动重卡高速公路"出云入桂"，形成了总长超 300 公里运输干线。可服务云南文山—

广西百色两地近 200 辆换电重卡。为往来云南—广西之间的新能源重卡提供高效、便捷的充换电补能服务，构建云南至广西高速充换电设施组网，赋能当地铝产业，打造绿色生态链，同时辐射周边铝土矿运输、砂石料运输的聚集网络。该重卡换电干线项目在云南境内，规划起点位于弥勒市，途经 G80 广昆高速沿线六诏、那洒，衔接广西靖西地区铝矿冶炼企业，综合考量维修保养、电池租金等费用，采用换电重卡后交通运输物流成本较传统燃油重卡节约 20%～25%，在节能减排的同时，为运输车队创收增效。

2. 关键技术

本项目换电站采用当前市场主流的后背式重卡换电站，采用换电机器人实现全自动换电，站内机器人配备大跨度、大行程机械臂，减少换电动作节拍，换电作业时间低至约 4 分钟；站内备用动力电池系统为市占率近 90% 的四连接器换电技术路径，可实现跨车型、跨车辆品牌、跨换电站品牌的互换互通；干线打通采用充换结合的方式，部分区域考虑运力需求及补能效率需求建设充电桩满足当前运营要求，在替换车辆增多且运行效率要求提高后再根据实际情况投建换电站保证快速补能；项目根据实际情况采用撬装安装模式，减少建电投入，现场安装便捷，需要移动位置时可快速响应，撬装迁移。

本项目采用自适应的智能设备集成，解决多物联系统耦合场景数据可靠性问题。为"车—站—电池"综合智慧管控提供硬件基础及数据保障，实现了车辆、换电站和电池资产的高效管理和智慧调度，提高了重卡换电的运营效率和资产运营率。同时，根据车辆补能习惯及充换电站负荷率进行智慧预测，结合车辆的实时定位和剩余电量，优化充换电调度，实现运营效益最大化；通过线上集控中心，实现故障的远程识别、精准诊断、智能预警等功能，充分保障资产的安全性；通过换电概率精准预测，平滑因换电需求时空分布不均衡导致的供给侧压力，支撑换电站和电网能量调度决策需求，提升了换电站补能经济性和电网友好程度。

3. 商业模式

项目采用车电分离模式，无动力车身由当地运输企业向主机厂直接采购；随车动力电池及换电站备用电池由运营商持有，通过电池租赁方式向沿线的持车企业，按月收取租金；充换电站由运营商投资建设并运营，对当地运输企业提供换电服务，按度电方式收取电费及服务费。

4. 项目运行情况

当前，该项目 7 座换电站可服务 180 多辆换电重卡。

5. 困难与挑战

示范项目建设及运营过程中遇到如下问题：

（1）高速干线充换电站土地资源稀缺。高速干线场景特殊，需要推动干线公路服务区（站）在临近换电重卡的运营区域，利用存量土地资源和停车位，建设或改造换电基础设施。

（2）电力接入成本偏高。高速干线充换电站需要专用电力接入、电力增容及电缆敷设，电力成本占总投入成本较高，急需开设换电设施接入电网的绿色通道，确保输配电网络顺利接入换电站。

（3）建设运营初期投资大、门槛高。因当前重卡换电产业处于技术及模式验证进入规模化发展前期阶段，换电重卡推广应用的渗透率水平不断爬坡攀升，用户需要一定的时间接受新兴产业并主动规模化替换。换电基础设施正在经历全国范围内快速布局和组网阶段，大部分区域需要换电站适度超前布局，以引导培育当地市场推动车辆电动化，因此，大部分换电站投资运营商前期负荷率偏低，存在一个逐步爬坡的过程。

6.项目亮点/意义

（1）跨省高速公路重卡换电干线结合广西云南"铝土矿—氧化铝—绿色铝—铝精深加工—综合利用"产业链现状，将广西氧化铝通过公路运输至云南，依托低价水电延伸电解成铝锭、铝棒等产品，再将铝制品通过公路运输回广西铁路货场，发往钦州、防城港港口及广东等区域市场，打通了云南—广西两地的绿色货运廊道，促进云南到广西的跨省高速货运线路电动化进程。

（2）通过"车—站—电池"综合智慧管控系统，对接政府、物流等运力平台，实现智慧运力的监控体系的建设，为上层决策提供数据基础。打通从货源到司机、到补能的全产业链条，真正实现行业全链条的绿色智能化。

7. 发展规划

本项目在云南区域计划延伸至昆明，广西区域将与南宁北部湾换电组网相连，整体打造云南（昆明）—广西（南宁）跨省绿色物流货运廊道，连接南部两个强势省会城市，实现桂滇跨域联动，形成两地陆运交通双向开放新格局。